故事力

唤醒力量，
儿童故事思维培养密码

GUSHILI

HUANXING LILIANG

ERTONG GUSHI SIWEI PEIYANG MIMA

秦旭芳 黄施泽 / 著

- **着眼未来**
  启蒙儿童 **9** 种思维能力

- **顺应天性**
  运用故事力进阶孩子人生

| 1个故事 银行 | 7副故事 分析眼镜 | 9张故事 地图 | 28个 故事力 游戏 |

北京师范大学出版集团
BEIJING NORMAL UNIVERSITY PUBLISHING GROUP
北京师范大学出版社

图书在版编目（CIP）数据

故事力：唤醒力量，儿童故事思维培养密码/秦旭芳，黄施泽著.
—北京：北京师范大学出版社，2022.6（2022.10重印）
　ISBN 978-7-303-27444-4

　Ⅰ.①故…　Ⅱ.①秦…②黄…　Ⅲ.①故事课—学前教育—教学
参考资料　Ⅳ.①G613.3

中国版本图书馆CIP数据核字(2021)第240090号

图 书 意 见 反 馈　　gaozhifk@bnupg.com　　010–58805079
营 销 中 心 电 话　　010-58802181　　58805532
编 辑 部 电 话　　010-58808898

出版发行：北京师范大学出版社　www.bnup.com
　　　　　北京西城区新街口外大街12–3号
　　　　　邮政编码：100088
印　　刷：三河市兴达印务有限公司
经　　销：全国新华书店
开　　本：787 mm×1092 mm　1/16
印　　张：13.5
字　　数：180千字
版　　次：2022年6月第1版
印　　次：2022年10月第2次印刷
定　　价：49.80元

策划编辑：罗佩珍　　　　　　　责任编辑：肖　寒
美术编辑：焦　丽　　　　　　　装帧设计：焦　丽
责任校对：张亚丽　　　　　　　责任印制：马　洁

谨以此书献给孩子，也献给热爱故事的你

序 言

用故事进阶孩子的人生

北京师范大学教育学博士，中国学前教育研究会评价专业委员会副主任

初识施泽，是在他开展"故事力星球"公益项目时。我们同是北京师范大学的校友，他热爱公益，不吝付出。他及他的公益项目一并进入我的视野时，他已经是一名父亲了，可能是为人父的责任感激发了他的公益心，"故事力星球"项目落户的社区儿童服务站，服务于很多低收入家庭的孩子。当时我给了这个项目一些建议，让其向"专业化"和"学术化"迈进，并给他介绍了《3—6 岁儿童学习与发展指南》。我建议项目小组在开展活动过程中观察儿童的变化，学习制作专业的测评表格，从语言表达、社会交往、艺术创造等维度对儿童进行测评。

从此，他开始很用心地记录与孩子互动的故事，这些故事被他命名为孩子的"闪光故事"。这些新鲜、接地气的"闪光故事"案例也记录在本书中。一次，他兴冲冲地告诉我：儿童服务站的孩子们有了很多的成长，其中有一个叫小西的孩子，之前很怕生，现在已经能很好地和小朋友们一起交流；而且孩子们普遍出现的缺乏专注力、情绪化及心理上的一些问题都逐渐得到了缓解。

随着不断的积累与交流，我推荐他去参加中国学前教育研究会举办的"2019 儿童家庭与社区教育国际研讨会"，并在分论坛做了"社区家庭的学前教育探析——以故事力星球项目为例"的主题发言。他的发言结束后，

反响热烈，受到很多幼儿园园长及老师的欢迎，不少知名幼儿园的园长都想要一套成体系的故事力教育资料，方便他们在幼儿园开展类似的活动。

为了回应教师及身边一些家长的诉求，我们决定深挖故事力这座儿童教育的"金矿"。2019 年夏天，我们开始着手书写这本适合中国孩子的故事力书籍，一起把这些年积累的案例梳理出来，里面包含了很多 3 ~ 6 岁孩子会出现的问题，如孩子爱吃零食、孩子在幼儿园跟其他小朋友玩不到一起等，同时提出了故事力解决方法。我们一起查找了大量故事力教育的案例，创立了 ADAS 故事力模型，并根据中国孩子的特点，做儿童故事力教育的本土化，最终完成了这本书。

ADAS 故事力模型将故事力分为四个阶段，分别是积累（Accumulate）、拆解（Dismantle）、联想（Associate）、思辨（Speculate）。其中：积累阶段是让儿童建立"故事银行"，强化故事素材的输入；拆解阶段是让儿童给故事拍摄"X 光片"，看到故事的内在结构；联想阶段是让儿童即兴创作，完成故事的内容创编；思辨阶段是让儿童多角度看故事。当儿童完成上述四个步骤的启蒙，就可以很好地讲述故事和创编故事。最重要的是，通过这一系列的故事力启蒙，儿童能从不同角度分析故事及日常事件，讲话更有条理，解决问题更有创造力。

有一次，施泽对我说："秦老师，经过五年的实践，我发现故事力对孩子的成长作用真的特别大！"我问他："你想不想让更多的孩子受益？"他坚定地说："当然想了！"于是我倡议说："那我们就一起做好这本书，让这个体系走进幼儿园、走进社区、走进家庭，让更多孩子掌握这项普通人可以获得的'超能力'。"

可能有的老师及家长有疑惑，为什么说故事力是"超能力"，可以让儿童的人生进阶？故事力对儿童成长的影响至少体现在三个层面：第一，我们可以用故事锻炼儿童演讲、创编故事等技能，这是故事力在技能层面的应用；第二，我们可以用故事促进儿童的社交、疗愈儿童的内心，让儿童保持良好的心态，这是故事力在心理层面的应用；第三，儿童通过了解故事的秘密，从小就为未来从事创意型等工作奠定基础，这是故事力在儿童未来职业发展层面的应用。正是对儿童成长教育的专注与热爱，相信故事力会带来儿童改变的信念，推动着我们一起跨越了不少障碍，在工作之余研磨打造出这本故事力儿童教育书籍。

这是一本适合在幼儿园推广的指导用书。我从事幼儿园教师的培训指导多年，深知创新的教育理念及成熟的体系对于幼儿园的重要性。ADAS故事力模型是一套很好的可运用在幼儿园的体系，相信能更新各位园长及老师的儿童教育理念。这本书中有一个章节，里面包含独创的"七副眼镜"分析法，让儿童通过"七副眼镜"去分析故事，培养儿童思辨及发现故事新观点的能力。很多从事学前教育的教师在看完后，都认为这个方法不论在社区、家庭还是在幼儿园，都是不错的尝试，可以很好地提升儿童分析问题、讲故事等多维度的能力。

这同时也是一本适合在家庭运用的育儿用书。家长们无须担心不会操作，本书大量翔实、细致、生动的育儿案例将为日常育儿提供借鉴参考。我们把带领孩子做的每一步启蒙都描述得十分清楚，后面还附上了故事力卡片、全流程的实操案例和有趣的亲子互动游戏，这将从语言表达、社会交往、艺术创造等多个角度给孩子带来改变。

无论你是新入职的教师还是资深教师，不管你是什么类型的家长，你都能在本书中找到想要的内容，并根据孩子的思维能力发展水平，不断地调整故事力启蒙方法。读完此书，你会发现原来平平常常的故事，竟然对孩子社交、记忆、表达等各个方面的提升都有帮助，并且会促进孩子逻辑思维、联想思维等思维的开发。

本书关于故事力育儿的见解，不同于其他的教育理念出版物，希望有助于家长和教育工作者开阔视野，从中获得更多的育儿经验和实操方法。

前　言

黄施泽

当您翻开这本书的时候，我想与您分享三个对我影响很深的故事。

故事 1：一口井的故事

从前，山里有一个隐居的高僧，他要从两位得意弟子中选一位作为接班人。于是，他给两个弟子每人一把锹，说："现在去挖井吧，给你们每人一天时间。"然后就不再说话，两个弟子只好分头去挖井。

第二天，大师来到大弟子那儿一看：挖了十口井，每口不但浅而且都没有水。他又到小弟子那儿一看，小弟子只挖了一口井，井不仅深而且有清澈的水。

高僧点点头，心中有了答案。

故事 2：一棵树的故事

国学大师钱穆曾经游览一座千年古刹，看见一个小沙弥在一棵 500 年的古松树旁种夹竹桃（夹竹桃是一种可开很漂亮的花的植物，但花期很短）。钱穆感慨地说，以前僧人种松树时，已经想到寺院百年以后的发展。今天小沙弥在这里种花，他仅仅看到了明年。

故事 3：一堆砖头的故事

从前，有兄弟二人，哥哥和弟弟都梦想建造一所漂亮的大房子。哥哥没事就捡一些路上废弃的砖头。弟弟对此很不屑，他总想找最好的规划师设计一所宏伟的建筑。三年过去了，哥哥捡的砖头已经像小山一样高，于是他找来水泥、沙子等材料，盖成了一所漂亮的房子，而弟弟的想法，仍然停留在那张最初的图纸上。

这是对我触动很深的三个故事，您读懂了吗？

每个孩子在成长过程中，都需要学习大量的知识和技能。可是时间终归有限，上面提到的三个故事，就是有关评判学习效能的故事。

首先，要选定专一领域进行突破，这个就是我们要寻找的那口井；其次，要有长远的眼光，掌握那些未来不被社会淘汰的能力；最后，要立即行动，并且通过日积月累才会取得成果。

通过长达五年的研究，我发现美国商业思想家丹尼尔·平克提出的故事力，就是这样一种既有门槛又能赢在未来的能力。我是一个故事力教育的研究者，同时也是践行故事力教育的行动者。我们在儿童服务站开展了公益项目"故事力星球"，针对每个孩子成长中出现的问题，都尝试运用故事力去解决，并且取得了不错的效果。通过跟孩子们及女儿涵涵的互动，我发现了故事力对于儿童能力提升的巨大作用（为了保护孩子们的隐私，书中涵涵、莉莉、小西等均为化名）。在国内知名学前教育专家秦旭芳教授的指导下，我进行了儿童故事力教育的本土化尝试。

这本书里既有接地气的案例，又有成体系的故事力理论模型。本书从结构来说，主要分以下五篇。

第一篇，讲述故事力的重要性。即面对不确定的未来，什么样的孩子才能脱颖而出？我们主要从孩子的职业出路和教育焦虑两个方向进行分析。

第二篇，讲述如何通过故事进阶，让教师及家长看到孩子的成长。我们主要从儿童社交力、学习力、表达力、记忆力、观察力等方面入手，提升孩子赢在未来的能力。

第三篇，讲述如何通过 ADAS 故事力模型，锻炼孩子的九大思维能力。可以通过积累（Accumulate）、拆解（Dismantle）、联想（Associate）、思辨（Speculate）四步，开发孩子的逻辑思维、想象思维、宏观思维、重点思维等九大思维能力。

第四篇，讲述学习故事力过程中的六个秘密。主要通过概念区分、心态培养、适合年龄等六个方面阐述如何学习故事力效果更佳。

第五篇，儿童故事力启蒙使用手册。包含故事力 12 步案例实操手册和 28 个故事力互动游戏。

故事力教育，让孩子成为更好的自己。美国罗杰·沃什博士曾说，大部分的教育是教人找工作，而不是找寻人生。故事力教育既能让孩子找到很好的工作，又能让孩子找寻人生的意义，其魅力便在于此。

一个心态健康、洞察人性、善于表达、社交力强的孩子不正是幼儿园和家庭希望培养出的孩子吗？

四万年前，我们的祖先围坐在篝火旁，依靠故事向别人传授本领和意图。今天，故事依然是给孩子传递知识和观点的最佳法宝。每一位教师及家长都应成为孩子翅膀下的风，并以故事为载体，让孩子顺应天性地成长。

我们站在此刻，回看人类文明。不论每个时代，讲故事的人都是时代长河中留下印记的少数。那些会讲故事的变革者、小说家、导演，站在了人类文明的阵前。即使在未来的人工智能时代，我们的世界仍然需要讲故事、懂故事的人。

小小的故事，有大大的魔力。

未来已来，故事力是送给孩子的最好礼物。

目　录
CONTENTS

第 1 章
未来，什么样的儿童才能
脱颖而出？

第 1 节　人工智能时代，人类未来的职业

出路在哪里？　/ 003

第 2 节　面对育儿焦虑，故事力教育如何

助力多维度启蒙？　/ 009

第 1 节　社交故事地图——如何提升社交能力，

帮助孩子应对社交难题？　/ 023

第 2 节　演讲故事地图——如何建立"故事银行"，

提升孩子公众表达力？　/ 029

第 3 节　记忆故事地图——如何巧用故事元素，

助力孩子记忆能力启蒙？　/ 037

第 4 节　观察故事地图——如何通过日常旅行，

让孩子学会观察细节之美？　/ 046

第 5 节　心理故事地图——如何用故事探析孩子

心理动机并改善行为问题？　/ 052

第 6 节　写作故事地图——如何巧用故事板等，

从零开始写作启蒙？　/ 061

第 7 节　逆商故事地图——如何有效提升孩子应对挫折的能力？　/ 069

第 2 章
巧用故事进阶，让
孩子的成长看得见

第 8 节 学习故事地图——如何运用"故事学习法"，激发孩子自主学习？ / 075

第 9 节 职业故事地图——如何做好人工智能时代的职业规划？ / 081

第 1 节 积累（Accumulate）——收集"珍珠"攒起来，

从阅读和生活中积累故事素材 / 094

第 2 节 拆解（Dismantle）——"庖丁解牛"拆起来，

学会拆解故事脉络、元素和叙事技巧 / 110

第 3 节 联想（Associate）——插起翅膀飞起来，

通过"编故事"增加孩子思维触点 / 127

第 4 节 思辨（Speculate）——火眼金睛辨起来，

巧用故事分析眼镜等故事力工具 / 142

第 3 章
ADAS 故事力模型，锻炼孩子的九种思维能力

第 1 节 故事图谱，学习故事力的成长地图 / 159

第 2 节 为善为勤，学习故事力之前的心态

教育 / 160

第 3 节 最佳年龄，不要错过孩子学习故事力的

黄金时期 / 161

第 4 节 寻找伙伴，组建故事团体并设计

"儿童故事节" / 163

第 5 节 改变孩子，从重新书写孩子故事

开始 / 164

第 6 节 共同成长，家长和教师也要学习

故事力 / 165

第 4 章
学习故事力过程中的六个秘密

第 1 节　12 步案例实操手册　/ 169

第 2 节　28 个故事力互动游戏　/ 189

第 3 节　故事力培养推荐阅读书目　/ 195

后　　记　/ 198

第 5 章
儿童故事力启蒙使用手册

第 1 章

未来，什么样的儿童才能脱颖而出？

趋势好比奔腾的马，顺着它们的奔跑方向驾驭就比较容易。

——约翰·奈斯比特

（中国政府友谊奖获得者、《大趋势：改变我们生活的十个新方向》一书作者）

未来趋势

高阶能力

第1节 人工智能时代，人类未来的职业出路在哪里？

清晨醒来，你会端起自动咖啡机制作的醇香咖啡，习惯性地打开电脑，再看看手机的信息，这些机器已成为人们生活中最为依赖的部分之一。大人可以用电脑来办公，孩子也可以通过网络，在任意时间进行远程课程学习……

这是著名科幻作家阿西莫夫在1964年预测的未来，也是我们现代人真实的生活场景。阿西莫夫仿佛是"人类先知"，他凭借非凡的洞察力和判断力，预测了全自动咖啡机、智能通信设备、无人驾驶汽车和多媒体教学的出现。

站在未来，才能更好地规划今天。

如果在20年前，我们能够意识到电脑的大规模普及将创造一个新的互联互通时代，那么我们就能够抓住趋势，提前做出判断和准备，成为时代的宠儿。

约翰·奈斯比特曾在《大趋势：改变我们生活的十个新方向》一书中提出，趋势好比奔腾的马，顺着它们的奔跑方向驾驭就比较容易。[①]个人的职业发展要顺应时代的趋势，儿童的成长规划更要考虑到时代变化的特征。"刻舟求剑"式的学习很难培养出适应未来的人才。在未来，世界会有什么样的变化？孩子将面对什么样的职业竞争和成长环境？

让我们一起观察正在发生的三个变化，去发现这个时代发展的草蛇灰线。

---

① [美]约翰·奈斯比特：《大趋势：改变我们生活的十个新方向》，梅艳译，北京，中国社会科学出版社，1984。

变化一：职业之变——人类与人工智能的职业挑战，你看好谁？

著名咨询机构麦肯锡曾做过一个预测，到 2030 年，全球可能有 8 亿个工作岗位将随着自动化的实现而消失。[①] 有专家预估，到 2037 年，中国约有 40% 的就业机会将会受到人工智能的影响。[②]

犹如冰山浮出水面，这场人类和人工智能的职业战争也拉开了序幕。

从 1956 年人类第一次提出人工智能概念开始，人工智能曾引发两次大规模讨论。

第一次是 1997 年 5 月在纽约的"人机大战"，由 IBM 开发的深蓝机器人战胜了象棋世界冠军卡斯帕罗夫。这一年，卡斯帕罗夫 34 岁，深蓝 4 岁。这场比赛之后引发了一场机器人的智能是否已经超过人类的智力的讨论。在深蓝打败卡斯帕罗夫以来的十几年里，人类创造的游戏几乎全部被人工智能攻克，围棋成为人类智力游戏的最后堡垒。

但在 2016 年 3 月的韩国，历史再次重演。谷歌公司开发的 AlphaGo 以 4∶1 的比分赢了人类职业棋手九段李世石。这一次胜利远比第一次胜利含金量要高，因为围棋走法过于复杂，超出计算机的运算范围。李世石在赛后接受采访说，他曾经看过 AlphaGo 的比赛，他一直觉得他会赢，没想到短短 6 个月，AlphaGo 进步这么快！

但进步更快的是 2017 年开发出的 AlphaGo Zero，它在只了解比赛规则、没有人类指导的情况下实现自我学习。短短 3 天时间之后，AlphaGo Zero 以 100∶0 击败 AlphaGo[③]，"人工智能威胁论"再次引发热议。

---

①　麦肯锡全球研究所：《未来的工作对就业、能力、薪资意味着什么》，http://www.199it.com/qrchives/598043.html，2020-12-1。

②　同上。

③　Silver D, Schrittwieser J, et al, "Mastering the Game of Go Without Human Knowledge," Nature, 2017. 550(7676): 354-359.

那么，面对优势明显、不断进步的人工智能，人类应如何赢得这场职业之战？

在这场时代的巨变中，无论是大人还是孩子，如果缺乏面对人工智能的竞争力，都将成为时代浪潮中的"边缘人"。人工智能的优势是在逻辑、运算等领域，特别适合从事标准化高、重复性比较强的工作。但人工智能在某些领域中会表现得很糟糕，特别是一些缺乏固定规则的领域。比如，人工智能无法创作出如《阿凡达》《泰坦尼克号》这样的故事，因为机器不了解人类丰富的情感，无法深刻地体会人类的喜怒哀乐。

故事力这项技能有效避开了人工智能擅长的领域，优势更多地体现在创意和沟通等职业领域。创意类的工作需要了解"编故事"的规律，才能创造出让人情绪起伏的好故事；沟通类工作需要了解"讲故事"的规律，才能说服利益相关方，取得良好的沟通效果。更为关键的是，故事力人人可学，是普通人就可以获得的"超能力"。

未来，将需要更多的谈判专家、编剧、首席内容官等以故事力为内核的职业。虽然从目前的职业发展情况来说，这些工作比较小众，但随着人工智能时代的来临，这些小众的职业将越来越大众化、主流化。

变化二：时间之变——时间都去哪儿了？

在中国古代神话中，有一位叫羲和的神仙，她是时间之神，掌控着人类的时间。时间，对于人类的祖先来说，神秘且不可掌握。于是，他们通过创造神灵来表达对时间和自然的敬畏。

从人类的历史来看，每一次技术革命都会带来人类时间分配结构的改变。

在原始社会，生产力水平极低，人类为了生存，不得不整日狩猎和采集食物。到了农业时代，人类开始有了粮食的剩余，不必为了生存整日劳作，就产生了少量的闲暇时间。工业时代，工业技术的发展推动生产力大幅提高，人类发明了机器，人工休息的时间进一步增多。

美国学者约翰·麦克哈勒在《世界的事实和趋势》一书中，曾列出一组数据。原始人一生中的闲暇时间仅为整个生命时间的 16.6%，而劳动时间占 33.3%；农业人一生闲暇时间为 22.9%，劳动时间为 28.6%；工业人一生闲暇时间为 38.6%，而劳动时间仅占 10.4%。[①]

那么在互联网时代，人类的时间分配结构会呈现怎样的变化？

互联网时代让人们拥有了更多可自主支配的时间，比如，我们在日常生活中，可以通过点外卖解决用餐问题。有专家推算，随着互联网和人工智能等新技术的迅猛发展，人类将拥有更多的闲暇时间。

根据时代变化和技术发展的规律，我们可以进行两个推断：第一，人类总体工作时间会越来越少，人类自身将获得更多的闲暇时间；第二，因为闲暇时间的增多，会进一步释放人类的休闲娱乐需求，人类对优质内容的需求进一步增加。比如，近几年电影、网络小说、游戏、绘本等市场都异常火爆。

·电影，就是用镜头讲故事。

·小说，就是用文字讲故事。

·游戏，就是用程序讲故事。

·绘本，就是用图片讲故事。

编故事的能力，决定上述文化产品内容质量的好坏。当人类用于休闲娱乐的时间越来越多，将迎来"内容为王"的时代。内容时代的一个特点，就是要回归本质讲好故事，然后用现代化、科技化的手段去包装好这个故事。

---

① [美]约翰·麦克哈勒：《世界的事实和趋势》，转引自吴铎：《社会学》，北京，高等教育出版社，1992。

变化三：语言之变——沟通变成了越来越难的事？

1866 年成立的巴黎语言学会的章程里有这么一条有趣的禁令：学会不接受任何有关语言起源或人造语言的投稿。关于语言起源的争论至今仍未达成共识，但语言是人类进化出区别于动物的神奇能力，成为人类最伟大的能力之一，却是不争的事实。人类的对话具有丰富的语境，有时在沟通中还会用到比喻、反语等修辞方式，我们会体会到一些文艺作品对话中的"言外之意"，甚至在日常聊天中会猜测到对方可能会聊的下一句内容。

虽然目前华为、谷歌、微软等公司都在开发各种人工智能语音助手，但目前人工智能技术却很难达到识别人类丰富的语境的程度。《科学》杂志曾采访过卡内基梅隆大学的亚历山大·鲁德尼基，他说赋予人工智能利用上下文和背景知识，去准确理解人类的语言，是一项很大的挑战。所以说，语言是未来一段时间内人工智能无法超越我们的领域之一，你很难想象去欣赏一群由机器人主演的影视作品，因为它们不能把人类的对话和情绪诠释清楚；你也很难想象机器人在辩论赛场上妙语连珠，机智应对。

互联网和人工智能等新技术对语言的发展、重塑沟通环境也有巨大的作用，语言具有时代性，社会发展和技术进步是语言变化的土壤。目前，孩子成长的语言环境出现三个方面的特点。

1. 大众参与度高，更追求语言的画面感

当我们翻开《唐诗三百首》，仔细品读其中的经典诗句，会发现作者往往通过细腻的笔触描绘出美丽的画面。比如，《使至塞上》中的"大漠孤烟直，长河落日圆"、《忆江南》中的"日出江花红胜火，春来江水绿如蓝"。即使是表达情绪，诗人们也常用更具画面感的词语去呈现，如"感时花溅泪，恨别鸟惊心"。到了互联网时代，互联网的开放性吸引了大众到网络世界中去，给大众参与语言创造提供了空间，近年来网络中涌现的新词层出不穷。网络时代的大众参与，加剧了语言的具象化和画面感的演变，而制造画面感，是讲好故事必备的技巧之一。

2.抓取注意力难，沟通环境更复杂

诺贝尔经济学奖和图灵奖的双料得主赫伯特·西蒙曾指出，"注意力"会成为未来的稀缺资源，过量的信息会导致注意力的贫乏。在信息爆炸的今天，我们的沟通环境变得更加复杂，几乎人手一部的智能手机，大大小小的屏幕都在占据着我们大脑的注意力资源。有的家长曾说，孩子平时总走神，就是玩手机、看电视动画片时专注力最强。不仅仅是小孩子如此，大人也是如此。据英国《每日邮报》报道，在非睡眠时间内，人们平均每四分钟就要查看一次手机。一家英国研究机构对手机软件的使用情况展开了一项调查，结果显示，每人每天平均使用手机竟达两百多次，人们会随时随地拿起手机查资讯、看社交动态、打游戏。

3.刺激强度加大，语言阈值不断提升

阈值又称阈强度，是指释放一个行为反应所需的最小刺激强度。语言阈值，指通过语言可以刺激大脑的最小刺激强度。互联网平台上随处可见的段子等，不断提高大众的语言阈值。为什么春节晚会等语言类综艺节目越来越难吸引观众？因为经过互联网的洗礼，大部分人已经慢慢对各种段子带来的愉悦感脱敏。史蒂芬·丹宁的《故事的领导力》一书中曾提到，人的大脑分为脑前部和脑后部。常规的语言和事件，一般归脑后部处理，心理学家称之为自动关注，我们白天所做的大量事情都是这样处理的。但是如果要用谈话去唤起对方的注意力，需要激活对方的脑前部。[①]随着大众的语言阈值不断提升，激活脑前部的语言要更加具有技巧性，才可以达

---

① ［澳］史蒂芬·丹宁：《故事的领导力》，宋强译，北京，中国人民大学出版社，2009。

到良好的沟通效果。

所以，孩子未来面对的语言环境变得越来越复杂，对沟通的要求也越来越高。这要求孩子掌握故事化的语言技巧，如掌握制造画面感、设置悬念等技巧，不断增加语言感染力，才能适应不断变化的语言环境。

综上所述，无论是职业的变化、时间的变化还是语言的变化，这些时代发展的脉络仿佛都指向一个古老的密码——故事（见图1-1）。《人类简史》的作者赫拉利提出，大约 4 万年前，人类之所以成为地球的主宰，就在于人类创造故事的能力。[①] 时代一直在变化，不变的是故事的重要性。会讲故事的人是每个时代的佼佼者，故事力会让孩子赢在未来。

图 1-1　故事时代

第 2 节　面对育儿焦虑，故事力教育如何助力多维度启蒙？

"焦虑"是不少家长面对学前教育时的状态。笔者在与一些幼儿教师沟通后了解到，很多家长将孩子送到幼儿园后，看到同龄的其他孩子在识字、运动、表达等方面表现更好时，往往会更加焦虑，开始给孩子报大量的课外兴趣班。这份焦虑源于孩子间的比较，更源于社会的快速变化带来

---

①　[以] 尤瓦尔·赫拉利：《人类简史》，林俊宏译，北京，中信出版社，2014。

的学习、成长、就业过程中的不确定性。当社会的快速发展和激烈竞争让家长不知所措，无法确定学习哪些技能在孩子的未来能够派上用场时，便让孩子"全面撒网"式地学习技能。我曾看到一份孩子周末的时间规划表，从上午到晚上，被各种兴趣启蒙班排满，仿佛公司老板给员工做的计划表。换位思考一下我们对于繁杂工作的态度，就能知道孩子们对于排满的计划表是一种什么样的感觉。如果不能根据儿童的大脑发展特点、未来的发展趋势来规划孩子的启蒙教育，这就是在浪费儿童早期教育的宝贵时间。

那么，如何制订符合规律、优质高效的教育启蒙规划呢？

首先，要了解孩子的大脑发育规律，做符合规律的启蒙。

美国心理学家吉姆认为，故事能够打开那些直接教育无法触及的区域，无论成人还是儿童，都可以从故事中找到解决问题的办法。故事是大人和孩子沟通的最好语言，特别是 3～6 岁的孩子，他们还处在具象的思维阶段，并且情绪的波动比较大。他们不理解抽象的知识，但特别喜欢听故事，故事能起到"润物无声"的教育效果。在幼儿时期，玩耍和听故事是孩子的最爱，通过玩玩具、过家家、捉迷藏等活动，孩子不断了解环境，通过听安全类或冲突类的故事，孩子获得了对生活的经验和对世界的认知。

其次，要了解未来的趋势，做赢在未来的启蒙。

世界教育创新峰会联合北京师范大学中国教育创新研究院对 24 个国家或地区的文献进行了深入调研整理，总结出全球各国际组织和经济体最重视的 21 世纪人才未来的七大核心能力，分别是：（1）沟通与合作；（2）创造性与问题解决；（3）信息素养；（4）自我认识与自我调控；（5）批判性思维；（6）学会学习与终身学习；（7）公民责任与社会参与。[1]

---

[1]　北京师范大学中国教育创新研究院、世界教育创新峰会（WISE）：《面向未来：21 世纪核心素养教育的全球经验》，2016。

这 7 项能力中的前 6 项均与故事力有关联，我们在儿童服务站开展活动期间，能够观察到孩子的沟通能力、解决问题能力、判断信息真伪能力及自主学习能力等方面的不断提升。其实早在 19 世纪二三十年代，美国兴起 Infant School（幼儿学校）运动，这是公共学前教育的开端，其中课程就包含 Story-telling（讲故事）等活动。从我国来看，被称为"南开校父"的教育家严修早在 1905 年就创办了严氏蒙养院，其中就包含讲寓言故事、表演故事等课程，不仅开启了民办幼儿教育先河，而且推动了故事在学前教育中的运用。

目前，故事力教育已经不再局限在学前教育领域，越来越多的国际性机构及学者开始重视故事力教育，美国哈佛等知名高校设立了"Story-telling"课程，美国商业思想家丹尼尔·平克也曾提到，故事力是赢在未来的 6 大能力之一。[①] 这不仅是对孩子的教育启蒙，故事力的学习和运用对于教师及家长同样重要，已经成为基于未来前瞻思考而形成的学习共识和趋势。

最后，要考虑孩子的"机会成本"，做"一箭多雕"式学习。

孩子的学习有没有"机会成本"？一定有。当孩子学习了某一项技能，就失去了学习其他能力的时间。所以，最好的学习不是"单一技能"的学习，而是"一箭多雕"式学习，即一项能力的学习能够带动多项能力的提升。

经过本书的学习，教师及家长会发现故事力与观察力、共情力、社交力、演讲力、写作力、记忆力、创造力这些能力息息相关。同时，故事力的提升也会带动逻辑、联想、思辨等多种思维的提升。

儿童故事力教育是化解育儿焦虑的"良方妙药"，但我们在与近百位教师及家长的采访交流中，发现很多大人没有意识到故事力对孩子成长的

①　[美]丹尼尔·平克：《全新思维：决胜未来的 6 大能力》，高芳译，杭州，浙江人民出版社，2013。

重要作用和意义，对儿童故事力培养存在几种常见的误区。

误区1：什么是故事力？不就是讲故事嘛！

误区2：会说话的都会讲故事，这算什么能力！

误区3：学会了讲故事，孩子将来长大也用不上！

误区4：故事力对育儿没啥应用，等到想学，随时可以学！

…………

以上误区，均是对故事力概念的片面理解。故事力并不是一项简单的能力，而是人类进化过程中一种复杂的高阶能力，只是目前很多大人及孩子均处在故事力的初级水平。早在1967年，社会语言学家威廉姆·拉伯夫就曾定义"讲故事"为一项复杂的语言认知活动。[①] 国内外幼儿语言专家的研究均证实，幼儿叙事能力的培养对幼儿的思维完善、早期读写和社会发展都有很大的促进作用。

误区纠正1：讲好故事并不容易，大部分人处于初级水平

我们曾针对儿童服务站3～6岁的儿童进行测评，发现不同孩子讲故事能力存在较大的个体差异，但面对一个故事包含3个以上人物，孩子们通常不能很好地把握故事的角色关系及故事的逻辑关系。而且通常所说的故事讲得好的儿童，仅仅是指他们能把故事复述得好，却并不能讲好生活中的某一事件。讲好故事往往伴随着三个层级，分别是为"传声筒""催化剂"和"加油站"。

第一层是"传声筒"。这是多数人讲故事的水平，甚至更差，这个层级的表现在于能够完整地复述出书本或生活中的故事，分清主次，主题突出，故事中的"时间、地点、人物、起因、经过、结果"等信息都交代清楚，

① Labov W. &Waletzky J., "Narrative Analysis: Oral Versions of Personal-experience," in *Essays on the Verbal and Visual Arts*, Seattle, University of Washington Press, 1967.

没有丢失关键情节。这个层级对于 3～6 岁的儿童来说就已经很困难了，小朋友讲故事丢失一些故事情节及元素的现象较为普遍，常常需要大人提醒，可惜很多教师及家长也缺乏对故事图式的积累。

社会心理学中针对图式的解释是，图式是个体对事物、人或环境等知识的认知结构，故事图式就是对故事中相似部分的认知。比如，我们常提到故事都有"开头、经过和结尾"，这是最基本的故事图式之一；随着孩子年龄的增长，要积累类似于"起承转合"、坎贝尔提出的"英雄之旅"这样复杂的故事图式。对故事图式的积累，会帮助孩子建立一个故事基本的框架，这样不容易让孩子丢失故事中的关键要素和情节。

第二层是"催化剂"。这个层级可以让听故事的人内心产生情感变化，发生"化学反应"。通过不断地拆解故事，孩子可以掌握故事中链接情感的秘密，如设置悬念，制造画面感等。

在《孟子》一书中，曾有这样一个故事。

一个任国人问屋庐子："礼和食物哪个重要？礼和美色哪个重要？"

屋庐子回答："礼重要。"

那个任国人又问："如果遵照礼制求食，便会饿死，不遵照礼制求食，便能得到食物，那么还一定要遵照礼制吗？如果遵照婚娶礼仪，便得不到妻子，而不遵照婚娶礼仪，便能得到妻子，那么还一定要遵照婚娶的礼仪吗？"

屋庐子不知如何回答，第二天到邹国将这件事告诉了孟子。

孟子说："回答这个问题有什么困难呢？金属比羽毛重，难道说一小钩金属就比一车羽毛还重吗？用饮食的重要性与礼的重要性相比较，怎么会是饮食更重要呢？用娶妻的重要性与礼的重要性相比较，怎么会是娶妻更重要呢？你可以这样回答他，扭断哥哥的胳膊，抢夺他的食物便能得到吃的，不扭断胳膊就得不到吃的，那么你就去扭断他的胳膊吗？翻过东邻的墙头去搂抱人家的少女，就能得到妻子，不去搂抱就得不到妻子，难道就随便去搂抱他人吗？"

　　"亚圣"孟子的语言为何有良好的感染力？因为他的回答中不仅使用了设问、排比的修辞手法，而且还多次运用设置场景的故事力技巧。当我们读到"扭断哥哥的胳膊，抢夺他的食物"等场景时，我们会感知到这种场景带来的震撼；同时当我们听到"一个小钩金属比一车羽毛还重吗？"头脑中浮现的也是小钩金属和羽毛的场景，这些设置场景的技巧让人更深刻地感受孟子的语言感染力，而语言感染力的背后体现的往往是一个人编排信息能力的高下之分。一些教师及家长，在面对孩子的缺点和观点质疑时，往往采用"讲道理"的方式，这样的方式往往不会获得良好的引导作用，而运用"催化剂"式的故事化语言，则会在孩子心中播下改变的种子。

　　当然如果缺乏讲故事技巧的积累，是不能达到"催化剂"的层级的。很多大人会让孩子去学习计算机编程，但是却忽略了"语言编程"，即如何通过故事力让语言更吸引人、打动人。可惜的是，很多大人往往也不具备这种故事力的技巧，无法说出经过"故事化编程"的语言。如果孩子讲故事的水平已经能达到这个层级，就会在日常说服、演讲及写作等各个领域存在优势，为从事故事力相关职业打下良好基础。

　　第三层是"加油站"。运用故事或故事元素去说服激励他人，这是良好社交和处理问题能力的体现，也是很多商业领袖注重的一项能力。"加油站"层级是讲故事水平的最高层级，要求讲故事的人根据环境，合乎时宜地运用故事或故事元素来说服激励对方。

　　如果没有大量的故事积累和技巧的训练是达不到这个层级的。在一次故事力主题活动中，当我们讲到"每天带领孩子积累一个故事是故事力学习的基础性准备"时，有家长提出可否直接学习讲故事，跳过每天积累故事的环节。我们运用了一个小故事对这个问题进行了回应。

　　东晋时期，有人问著名的诗人陶渊明："我很崇拜您，因为您的知识如此渊博。您能告诉我学习的最好方法吗？"

陶渊明领着这个人来到田里，指着一棵小苗说："仔细看，你能看出它在长大吗？"这个人说："我看不出它在长大。"然后，陶渊明指着小溪旁一块磨刀石问："为什么这块石头的凹面磨得像一个马鞍？"这个人回答道："是因为人们日复一日地用它磨刀。"陶渊明又问："那它是哪天才成了这个形状的？"那个人摇摇头。后来，陶渊明为他写了如下的话："勤学如春起之苗，不见其增，日有所长；辍学如磨刀之石，不见其损，日有所亏。"

这个故事很好地回应了家长对于积累的疑问，讲完之后，效果超出简单地通过说理来回答问题。在恰当的时机讲出合适的故事，这需要不断地积累故事素材。

很多教师和家长觉得讲故事很简单，其实不然，讲好故事需要素材积累、图式积累和技巧积累三方面的积累。不光是讲故事的技巧，仅仅是故事素材一项的积累，就需要长时间的积累。有的父母陪伴孩子每天坚持收集 1～3 个故事，至今已经积累了上千个故事，这就是其他孩子在短时间难以逾越的。

误区纠正 2：故事力旨在培养孩子的叙事性思维和能力，而不仅仅是讲故事

本书所指的故事力教育，不仅仅是指孩子讲故事水平的提升，还包括对孩子叙事性思维和能力的培养，使孩子能够灵活运用故事思维处理问题和表达观点。大部分人会意识到故事力对于表达观点的巨大作用，前面我们提到的讲故事的三层级，也是从这个维度论证故事力的作用。但让孩子形成故事思维，并善于运用故事思维去解决生活中的具体问题，这其实是故事力更高维度的应用。

故事力教育带给孩子的影响可以分为以下三个方面。

第一个方面是能力。故事力可以显著提升孩子的日常表达能力和记忆效率，当孩子学会了故事中设置悬念、制造画面感等技巧，就可以把真实或虚构的事件以生动有趣的方式传递出去，拥有更出色的表达能力；当孩子可以运用故事元素去记忆素材时，孩子的记忆效率会提高，并且更加不容易遗忘；当孩子学会运用故事图式去创编故事，孩子就能更早地学会创编精彩、打动人心的故事，这些能力都可以为未来从事故事力相关职业打下良好基础。

第二个方面是思维。故事力带给孩子思维方面的改变是多方面的，如逻辑思维、联想思维等，但其中影响最大的是叙事性思维。叙事性思维在各种文献中无统一的界定，学界普遍认为是建立在具体场景中的一种思维方式，这种思维方式对于孩子表达观点和解决问题作用巨大。孩子早期处理问题的经验源自模仿，他们会模仿身边的大人，也会模仿借鉴故事中的人物，孩子会从不同故事场景中吸取不同主人公解决问题的方法。比如，从《乌鸦喝水》领悟到解决问题要善于思考，从《小马过河》领悟到解决问题要亲自实践等。在日常的实践中，可以让孩子变成故事的主人公，让他去想出多种解决问题的方法，不断提升孩子解决问题的创造力。同时，故事还会让孩子了解到道理是基于场景存在的，不可生搬硬套。比如，大人告诉孩子不能说谎，但在一些特殊场景，孩子是可以说谎的，就像在动画故事中喜羊羊为了自保而欺骗灰太狼的情节，在绘本故事《你好，渡渡鸟》中玛莎为了保护渡渡鸟而欺骗大家的情节。故事是能把对立的两种观点融合在一起，让孩子辩证地看待问题的。我们在故事力模型的学习中，也会知道从一个故事中的不同角色出发，阐述的故事会完全不同，针对同一个故事，1000 个人可能得出 1000 个观点，这种基于场景的多维度分析问题的方式是我们学习故事力过程中的重要收获。所以，当孩子具有灵活的叙事性思维时，他分析问题和解决问题的能力都会强于别人，这才是未来人才最重要的特质之一。

第三个方面是心态。故事对孩子心态改变有两种方式：一种是促发式改变，某一个单独的故事引起了孩子对其所遇处境的深刻共鸣，进而心理状态发生较大改变；另一种是浸润式改变，用故事把温暖、坚强等美好品质注入孩子的灵魂，可以改变孩子的内心状态。这两种改变都需要积累大量的故事。因此，我们曾在儿童服务站开展"故事银行"活动：一是把孩子们听到的好故事收集起来，用好故事来影响大家的行为和心态；二是记录这些孩子在日常表现很好的"闪光时刻"故事，这些故事对孩子的心理塑造具有重要意义。当用这些积累的"闪光故事"去定义孩子，会让他们拥有更为积极向上的心理状态，更为自信、有生命力地实现自我成长。

误区纠正3：故事力应用的领域广泛，是很多职业的核心能力

故事在我们生活中随处可见，只是在很多领域，大家没有意识到故事力的运用。面对孩子的未来发展，我们都希望孩子在生活中成为受欢迎的人，在职场中成为有竞争力的人。而在社交和职场领域，故事力能被广泛应用。

从社交应用角度来看，故事力在日常交流起着重要作用。在儿童服务站时，我观察到那些社交能力强的孩子，往往具有较强的语言能力，这使得他们与其他小朋友在日常沟通交流中获得潜在的优势。美国教育心理学家凯瑟琳·斯诺经研究发现，6岁前会讲故事的孩子，小学时学习和社交能力比较好。有调查显示，在现代社会，故事类信息依然占我们日常沟通内容的65%。具有良好故事力的孩子和成人都有不错的社交关系，讲故事给个人社交带来了显著的优势。

从职业应用角度来看，故事力更为重要。《商业秀——体验经济时代

企业经营的感情原则》的作者斯科特·麦克凯恩提出过一个很有名的论断，所有的行业都要建立与顾客的情感联系，才能生存。[①]建立情感联系，故事力是法宝，因为故事力的核心就在于激发人的情感变化。同样一个故事素材，如何编排才能吸引人、打动人，这体现的就是故事力的水平高低。很多在未来具有发展空间的职业，如演讲设计师、职业培训师、首席品牌官等，这些职业都需要从业者了解故事的秘密，善于运用故事力技巧（见图 1-2）。

图 1-2　故事力相关职业

唯有纠正对故事力的认识误区，认识到故事力是旨在培养孩子的叙事性思维和能力，认识到故事力在各领域的广泛应用，认识到灵活运用故事力需要进行大量的素材积累、技巧积累和图式积累，才能真正地做好故事力启蒙。生活中很多大人对故事的力量缺乏了解，也缺乏日常的积累和不断的练习，所以并未体验到故事力带给工作和生活的作用。从儿童的角度，如果能够从幼儿时期就开始故事力启蒙，那么他将会掌握一项应用广泛的"超能力"，教师及家长也会看到儿童在成长道路上的积极改变。

---

① ［美］斯科特·麦克凯恩：《商业秀——体验经济时代企业经营的感情原则》，北京，中信出版社，2003。

思考

问题 1：你发现故事力对儿童成长有哪些改变？

问题 2：试着找出身边的"小小故事王"，总结他们从小有哪些不一样的习惯。

第2章

巧用故事进阶，让孩子的成长看得见

> 复杂世界，故事为王。
>
> ——安妮特·西蒙斯
>
> （《故事思维》作者）

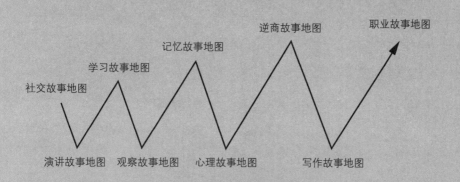

第 1 节　社交故事地图——如何提升社交能力，帮助孩子应对社交难题？

1938 年，哈佛大学曾开展了一项称为"格兰特研究"的项目，该项目旨在发现"人怎样才能健康、成功、幸福"的规律，通过对 724 名研究对象的跟踪调查，历时 75 年的分析研究，得出的结论却简单而深刻：良好的人际关系是让人更加幸福、健康和成功的最关键因素。[①]在西方幼儿教育中，儿童社交能力历来是特别受重视的一项能力，社交能力培养贯穿孩子从学前教育到上学的整个成长过程。孩子在 3 岁以前，主要通过与父母的交往习得社交技巧；当孩子进入幼儿园后，更愿意找同龄人玩，受到同龄孩子之间的社交影响更大。但往往在同龄孩子社交时，孩子会遇到一系列的"社交问题"。这些社交问题常常被教师和家长忽略，却对孩子造成困扰，严重的甚至给其心理健康及学业等方面带来较大的影响。

有研究表明，孩子因为大脑中最容易感受到压力的部位仍在发育中，所以面对社交带来的问题，往往会感到忧伤和焦虑，而大人就不会有这种感觉。所以，教师及家长一定要关注儿童的社交能力，良好的儿童社交能力对其学习成绩的提高以及个人成长都有帮助。

那么，该如何系统地培养孩子的社交能力呢？

美国哈佛大学教育心理学家凯瑟琳·斯诺研究发现，6 岁前会讲故事的孩子，小学时学习和社交能力比较好。那么，讲故事是如何系统地影响儿童的社交呢？我们从孩子常见的三种社交问题类型入手。一般来说，孩

---

① ［美］乔治·范伦特：《自我的智慧：哈佛大学格兰特幸福公式研究》，张洁等译，北京，世界图书出版社，2016。

子的社交问题可以分为三种情况，分别是不爱说、不会说和不敢说。

一、家长是孩子社交的"第一责任人"，教师是关键他人

很多家长认为到学校之后的同伴交往才是社交，其实父母才是每个孩子最初的社会交往者，孩子最早通过与父母的交往习得社会经验。美国儿童心理学家迈克尔·汤普森曾指出，孩子的同龄交往是他的亲子交往经验的延续。如果孩子日常社交场景中不爱说话，那么家长就要从自身行为进行反思。

有一位朋友分享过小时候的一次经历，父亲带他去参加一次亲属家举办的宴会。在宴会上，其他落落大方的小朋友和害羞怯懦的他形成了鲜明的对比，于是他遭到了父亲的严厉批评。但他的社交表现却有迹可循，因为他的父母平时就不是特别喜欢社交，所以从小他没有这方面的经验，到现在也不是很善于社交。美国心理学家阿尔伯特·班杜拉曾指出，儿童的很多行为都是通过观察别人的做法，模仿学到的，家长其实就是孩子社交的"第一责任人"，在潜移默化地影响着孩子的为人处世。[①] 所以家长如果希望孩子有良好的社交能力，首先自己要对社交持开放的心态。

可以问一问自己：

·我们平时见到新朋友是否能主动打招呼？

·我们日常与孩子的沟通是否平等且风趣？

·我们在一些社交场合是否能做到谈吐自然大方？

孩子是家长的"复印件"，只有家长努力地改变自己，在公共社交场合积极地表达，才能为孩子树立榜样，让孩子在公共场合变得落落大方。在儿童社交能力的培养上，教师也是关键他人。如果说家长是孩子成长的

---

① [美]阿尔伯特·班杜拉：《社会学习理论》，陈欣银等译，北京，中国人民大学出版社，2015。

第一任老师，幼儿园老师就是孩子的第二任老师。当孩子进入"交际敏感期"，他们会更加在意老师对自己的态度。而且教师对孩子的态度，影响着其他孩子对这个孩子的态度。教师在处理孩子间社交问题中，一定要尽可能照顾孩子的情绪和自尊，这对孩子的成长起着至关重要的作用。

除此之外，针对孩子不爱表达的情况，大人还可以通过讲自己的故事来打开孩子的心扉，在年幼时听过父母讲家庭故事的孩子的共情力更强。涵涵特别喜欢听家长小时候的故事，如父亲去敬老院做义工的故事，她对去敬老院每人带一个鸡蛋的细节印象深刻。我们也给她讲过母亲独自一人骑自行车穿越农场的故事，这些故事里无形中传递着某种价值观，也拉近了孩子与家长的心理距离。心理学家西德尼·朱拉德提出一个"自我表露"的概念，指的是主动把自己的信息告诉其他人。一个人的社会交往能力以及心理健康水平的提高得益于对他人的自我表露。[①] 所以，家长及教师要善于跟孩子分享自己的故事，这样也会让孩子成为一个愿意表达和分享的人。

二、很多孩子缺乏"聊天接话"的能力

当孩子在社交中有了表达的欲望，接下来就是要锻炼如何说。社交能力强的孩子思维比较活跃，往往具有良好的即兴表达能力，这其实是孩子联想能力、词汇量和见识的综合体现。

在儿童服务站，有一个叫小西的孩子引起了教师的注意。每次孩子们在一起讨论时，这个孩子都在角落看着大家，他不太参与孩子们的集体聊天。后来在跟他沟通中，教师发现他除了心理上有些自卑感，更重要的是他缺乏"聊天接话"的能力，总觉得自己插不上话。

---

① ［美］杰瑞·伯格：《人格心理学》，陈会昌等译，北京，中国轻工业出版社，2004。

为了锻炼孩子的语言能力，教师经常和小西玩"故事接龙"游戏。每次，教师以一句话开启一个故事，然后两人轮流每人一句把故事接龙下去。

在刚开始接龙时，会发现小西只会顺着常规思路去接龙，比如，教师说"小兔子遇到大灰狼"，他就会接龙"小兔子被大灰狼吃掉了"。但是到后来，他已经能主动创设情节来引领故事的发展，会接龙出"小兔子给兔子妈妈打电话"等情节，这是一个非常重要的转变，标志着他开始能够在聊天中即兴地发起和引导话题。

随着接龙能力的提升，游戏开始升级为"解决问题型"故事接龙，针对一个问题，每人接龙一个解决方式，直到接不下去为止。

有一次，教师提出了"地球被越来越多的垃圾包围，该怎样做？"这个问题，和孩子们进行接龙。教师想到的方案中规中矩，如"建立更多的垃圾处理厂""每个人限定生产垃圾指标"等。但孩子们的解决方案就特别天马行空，不仅在数量上比教师多，而且在"创意"上也优于大人，如"运用高科技让天空中白云呈现'爱护环境'四个字""把垃圾聚拢在一起，看能不能发射到黑洞中去""穿越到古代，把产生污染最大的东西销毁"等。故事接龙锻炼了孩子们的即兴表达能力和解决问题能力，让孩子成为解决问题"鬼点子"多，并且说话机灵风趣的"孩子王"。如果孩子具备这样的基础素质，家长就再也不用担心孩子的社交问题了。

三、要通过"演故事"，帮孩子应对社交难题

当孩子面对一些特殊的社交场合，往往会出现"不敢说"的情况，比较常见的有融入新集体、面对公众表达及与别人发生冲突这三种社交场景。心理学家有一个观点：人类往往对未知环境感到恐惧，是因为人类进化过程中需要对身边的环境可控。其实孩子也是一样，上面三类社交场合都是孩子很少遇到的社交场景，所以没有安全感，不知怎样应对，才会出现不

敢说话的情况。孩子面对社交难题，一般会经过这样三个阶段，从对未知社交场景的恐惧到逐渐了解适应社交，再通过互动学习，能够熟练地应对、处理这些社交难题。对孩子不敢说的社交难题，可以采用两种方式来让孩子互动学习。

1.创造社交场景，让孩子进行体验

大部分孩子面对人多的场合，都会有不敢表达的现象。这就需要我们给孩子创造社交的场景，比如，举办幼儿园演讲比赛，或在家里开生日宴会，邀请孩子的朋友到家里来玩。这对性格有些内向的孩子来说更为重要，他可以通过这样社交场合锻炼表达的胆量，同时结识自己的"小团体"，有助于获得社交的自信感。

2.带孩子"演故事"，锻炼应对话术

很多孩子缺乏融入新集体的技巧。涵涵也有类似经历，一次她去公园，想加入其他四名小朋友一起玩，但没有得到回应，回家的路上一直闷闷不乐。面对这种社交难题，家长就可以通过教给孩子一些"话术"，告诉她融入一个新团体的技巧，如巧妙运用赞美等。但这些技巧如果不经过"演故事"式的场景模拟，孩子并不能很好地运用。在教给孩子技巧后，家长就可以和孩子"演故事"。父母扮演正在玩篮球的两个大孩子，然后让涵涵来扮演初次见面，试图融入我们的新伙伴。

涵涵（走过来对父亲说）：你好，你球打得真厉害！

（父亲并没有理睬）

涵涵：（思考了一会儿，走向母亲）你刚才这个球传得真漂亮，能传给我一个吗？

母亲：好的！（愉快地把球传给她）

在这个案例中，为什么父亲第一次没有把球传给涵涵？就是为了让孩子了解，要学会观察一个新团体中哪个成员比较热情、容易打交道，同时，赞美不能太笼统，要具体并且提出要求，这样融入新集体的概率就会增加很多。在场景的演练中，家长可以通过设置难度，不断提高孩子面对各种场景的能力。

另一个需要带孩子演练的是发生冲突的场景，这方面孩子如果处理不好，甚至会产生一些霸凌事件。家长可以跟孩子进行角色扮演，家长一次次提高冲突的强度，从简单的冲突对象到扮演霸凌者，让孩子学习如何应对不同的冲突。比如，针对简单的冲突、日常比较友善的玩伴，要用语言冷静地表达感受，说服对方。但针对霸凌式的冲突，特别厉害跋扈的孩子，要学会借助身边伙伴的帮助去应对。没有一个孩子是天生就会面对这些复杂场景的能力，都是通过不断地演练，才成为解决这些社交问题的高手。

美国社会学教授安妮特·拉鲁在《不平等的童年：阶级、种族与家庭生活》一书中，曾采访了88个美国家庭，她发现美国的工人阶级倾向让孩子"自然生长"，美国的中产阶级更倾向于"协作培养"，协作培养包含从小带孩子参加一些团体以锻炼社交，参与种类繁多的课外活动。中产阶级的孩子因此从小受到社交能力的培养，比如，如何融入一个团体、如何要求公共机构提供更好的服务。在进入学校和工作岗位后，这些技能将帮助中产阶级孩子获得更多的选择机会。[①]

我们必须要重视儿童社交问题带给孩子成长的困扰，社交会严重影响孩子的学习成绩和未来发展。而孩子社交能力的培养，追根溯源在于早期的引导，故事在孩子早期社交力培养中起着举足轻重的作用。通过和孩子讲自身故事、玩故事接龙和演情景故事等一系列的举措，孩子会成为一个爱说、会说、敢说的社交小能手，在成长过程中也会更加适应环境，如鱼得水。

---

① 　[美]安妮特·拉鲁：《不平等的童年：阶级、种族与家庭生活》，宋爽、张旭译，北京，北京大学出版社，2009。

第 2 节　演讲故事地图——如何建立"故事银行"，提升孩子公众表达力？

朋友家的孩子莉莉去年转学至一家国际化的幼儿园大班就读，这所幼儿园特别重视儿童公众表达能力。开学没多久，幼儿园就在"世界清洁地球日"组织了一场以"Love the Earth, Love the Environment"（爱地球，爱环境）为主题的演讲比赛。很多大人也遇到过帮助孩子准备演讲的经历，一般会分成两种类型：一种类型叫作"轻视派"，觉得演讲并没有什么，在网络中随便搜出几篇给孩子做参考就可以了；另一种类型是"犯愁派"，这些家长觉得演讲是一件很专业的事，他们自己对公众表达就很不自信，所以很难辅导孩子。朋友恰好是"犯愁派"，因为职业的缘故，朋友找到我们来帮忙。在辅导孩子的同时，我们也制作了一张演讲故事地图，它可以让准备演讲的过程变得很容易。教师及家长可以根据这张演讲故事地图，辅导孩子做一次精彩的演讲。那么，我们是如何辅导莉莉进行演讲的呢？选择了哪种类型的演讲结构呢？

如果大家关注 TED 演讲，会发现大部分优秀的 TED 演讲，都是通过故事引发疑问、启发观点。故事型演讲就是好比 TED 演讲系列皇冠上的钻石，是最容易绽放光彩的一种演讲类型。

一、从小锻炼讲故事，学业表现优异概率高

美国哈佛大学语言教育学家凯瑟琳·斯诺曾指出，从小会讲故事的孩子，上学后学业表现会更好。因为讲故事用到的组织能力、词汇、想象力和前后连续性，都是语文能力的指标。而且讲故事的人需要有很好的记忆

力才能把内容传达出去，同时还要解释故事内容，这就是逻辑能力。讲故事运用的是所有学习需要的认知能力。[①]

所以，我们采用的是"三故事结构"给孩子们开展辅导，即开头 + 三个故事 + 结尾。这种结构看似简单，但最简单的往往是最好用、最有效果的，乔布斯曾用它打造了在斯坦福大学的精彩演讲，布莱恩·史蒂文森用它打造了 TED 历史上鼓掌时间最长的演讲。采用三故事结构设计故事型演讲，可以分为三步，分别是定目的、列清单、找故事。

1.定目的

莉莉的性格比较害羞，对演讲有些畏难情绪。通常来说，孩子不喜欢公众发言，往往是因为孩子会对演讲产生很多负面的联想。比如，孩子觉得演讲就是背稿子、演讲容易当众出丑，等等。在和莉莉的交流过程中，我们先试图化解她关于演讲的负面联想。

老师：你喜不喜欢和爸爸妈妈去逛商场？

莉莉：喜欢，有好玩的、好吃的。

老师：其实，演讲跟逛商场一样简单。谈起逛商场，爸爸妈妈都带你去过哪些商场？

莉莉：嗯……我们上个星期去宜家买了花瓶，这周去了家附近的商场买香蕉和葡萄。

老师：对，其实每次爸爸妈妈都是根据不同的目的，带你去不同的商场。比如，要添置家里的日用品，一般会去日用品多的大型超市；要带你玩耍，就会去带游乐设施的商场。

莉莉：是的，老师，这和演讲有什么关系啊？

老师：逛商场要有目的，演讲也要有目的。比如，你要引导观众的思

---

① ［美］达娜·萨斯金德、贝丝·萨斯金德、莱斯利·勒万特－萨斯金德:《父母的语言》，任忆译，北京，机械工业出版社，2017。

想去哪里？你想传达什么观点？

接着，我们画了一张三故事结构的卡通图（见图 2-1）。

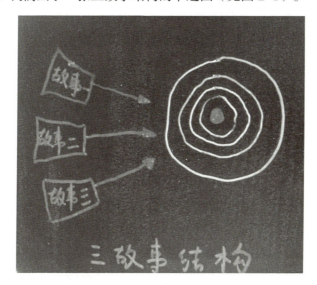

图 2-1　三故事演讲结构

如果把每个故事比作一支箭，明确的观点就是"靶心"。观点不明确，箭就容易射偏。以莉莉参加的这次演讲比赛为例，她提出的观点就是"每个人都需要参与环保"，虽然从大人的视角看不够新颖，但却是一个明确的观点。大人在辅导时，一定要引导孩子说出自己的观点和见解，大人可以帮助提炼和总结，但演讲的核心观点一定要是孩子感兴趣并认可的。

2. 列清单

如果想缩短逛商场的时间，列出一份清晰的购物清单是不错的选择。同样的道理，如果想快速准备一篇故事型演讲，就一定要先列出一份演讲的故事清单。

我们提到了要运用三故事结构法，那这三个故事是什么故事？如何选择这些故事呢？首先，我们要列出一个清单，这样才方便孩子寻找合适的故事，完成演讲。给大家列举两个在故事型演讲中常用的清单。

（1）样式一：递增式故事清单。

精彩的演讲，往往能让听众的情绪层层递进。什么样的演讲可以带来情绪的递进？递增式故事清单类型的演讲是方式之一。以"每个人都需要参与环保"为例，如果运用递增法来构思演讲，可以分为一个人参与环保及一群人参与环保的故事。

从一个人参与环保的故事到许多人参与环保的故事，通过人数的递增，会让观众得出"参与的人越多，环境改变效果越大"的结论。记得与莉莉分享递增式故事清单时，莉莉提出一个问题，说可不可以是"年龄的递增"，比如，先讲一个孩子参与环保的故事，再讲一个中年人参与环保的故事，最后讲一个老年人参与环保的故事？这个想法当然可以，只要是孩子开动脑筋、言之成理，大人一定不要轻易否定孩子的思路。

（2）样式二：黄金圈故事清单。

TED的演讲者西蒙斯·涅克曾提出一个黄金圈理论，最里面的一圈是why（为什么），中间一圈是how（怎么做），最外圈是what（是什么）（见图2-2）。任何演讲主题都能通过这种方式拆分。比方说，"人人都需要参与环保"这个主题，也可以用黄金圈结构来表达。

首先，最内圈的why，对应的是原因类故事，也就是要分享一个故事，阐述为什么人人都需要参与环保。《小王子》的作者圣·埃克苏佩里曾指出，如果你想造一艘船，先不要雇人去收集木头，也不要给他们分配任何任务，只要激发他们对海洋的渴望就可以了。第一个故事起到的作用，就是要唤起观众对参与环保的渴望。其次，是黄金圈结构中的第二圈how，对应的是怎么做的故事，也就是每个人要如何参与到环保中来。最后，第三圈what，对应的是愿景类故事，如果人人来参与环保，我们会达成什么

图 2-2　黄金圈结构

样的成果。

　　其实列故事清单，可以有无数种方法。比如，乔布斯在斯坦福大学演讲的 "Stay Hungry, Stay Foolish"，运用的就是时间轴故事清单，他挑选了三个有代表性的人生故事进行分享。类比到环保主题，我们可以选三个环保发展史上重要的节点故事。列故事清单环节主要锻炼孩子的逻辑思维能力，家长及教师也可以在此环节引入思维导图，带领孩子从不同角度列出故事清单。

　　3.找故事

　　当我们列好购物清单，接着就要找到货物并装进购物车。同样，当我们列好了故事清单，就要找合适的故事。那么，我们可以通过哪些途径来找故事呢？

　　采用三故事结构设计故事型演讲，故事的质量是特别重要的环节，对于很多孩子来说，找故事并不是一件容易的事。在儿童服务站日常实践中，我们发现如果孩子缺乏日常故事积累，那么找到契合主题的故事往往需要花费大量时间，而建立"故事银行"是帮助孩子快速高效、保质保量完成故事型演讲的关键。

二、建立故事银行，10 分钟打造一场优质演讲

故事银行，也称为故事素材库，就是把生活中遇到的故事和读到的好故事存储起来。当孩子在学前教育阶段，往往需要大人帮孩子记录这些故事，可以记录在电脑 Excel 表格中（见图 2–3），以方便查找。我们特别建议大人从孩子 3 岁起就帮助孩子建立“故事银行”，起步阶段可以不定期记录生活故事和阅读故事，当孩子会写字之后，可以慢慢引导孩子养成每天记录故事的习惯，孩子将会受益无穷。以这次设计演讲为例，我们带着莉莉以递增式故事清单，从“故事银行”寻找适合的故事，恰好“地球一小时”这个故事就在我们的“故事银行”里。

刚刚建立“故事银行”时，孩子往往很难找到合适的故事，但这并不代表故事银行不重要，恰恰证明了日常积累的重要性。如果“故事银行”

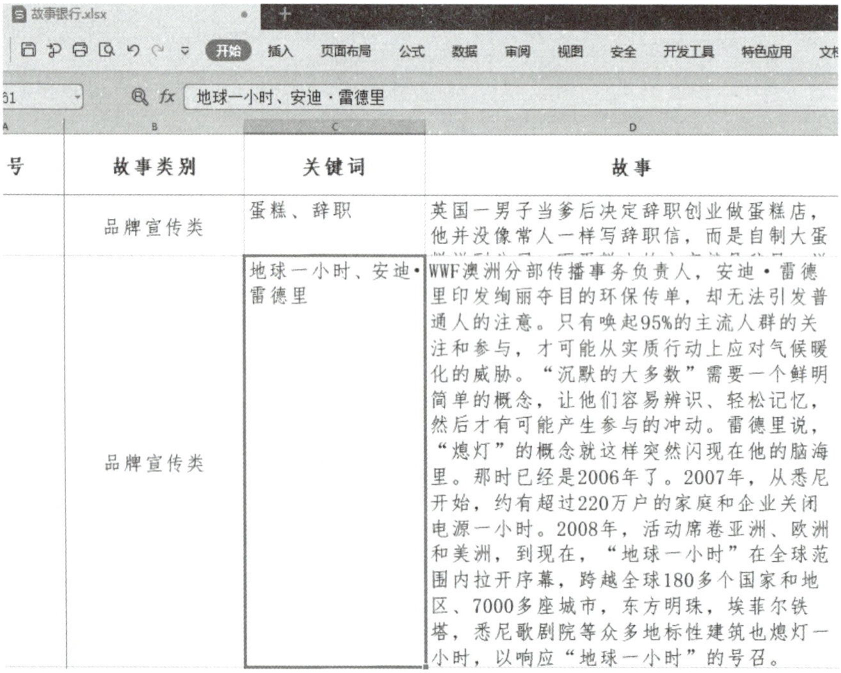

号	故事类别	关键词	故事
	品牌宣传类	蛋糕、辞职	英国一男子当爹后决定辞职创业做蛋糕店，他并没像常人一样写辞职信，而是自制大蛋
	品牌宣传类	地球一小时、安迪•雷德里	WWF澳洲分部传播事务负责人，安迪•雷德里印发绚丽夺目的环保传单，却无法引发普通人的注意。只有唤起95%的主流人群的关注和参与，才可能从实质行动上应对气候暖化的威胁。“沉默的大多数”需要一个鲜明简单的概念，让他们容易辨识、轻松记忆，然后才有可能产生参与的冲动。雷德里说，“熄灯”的概念就这样突然闪现在他的脑海里。那时已经是2006年了。2007年，从悉尼开始，约有超过220万户的家庭和企业关闭电源一小时。2008年，活动席卷亚洲、欧洲和美洲，到现在，“地球一小时”在全球范围内拉开序幕，跨越全球180多个国家和地区、7000多座城市，东方明珠，埃菲尔铁塔，悉尼歌剧院等众多地标性建筑也熄灯一小时，以响应“地球一小时”的号召。

图 2–3　故事银行范例

里有上万个故事，孩子在搜索使用合适的故事时就会更加得心应手。这次我们从"故事银行"中恰好找到了"地球一小时"的故事，这个故事可以作为"很多人一起参与环保"的案例。但是按照莉莉选择的递增式故事清单，仍然缺少"一个人参与环保"的故事和"一群人参与环保"的故事。

针对"故事银行"存储不够的问题，有两个方法可以尝试：一是练习将有限的故事从不同角度分析，提炼出不同的意义；二是可以借助网络平台搜索，充分利用互联网资源。针对这两个故事，我们决定借助网络，搜索相应的故事。通过关键词搜索，我们找到了这样两个故事：

故事一：一个人参与环保的事例。①

他是一个农民，小的时候在滇池边一个寨子里，吃着滇池里的鱼虾长大，他说滇池像自己的母亲。他为了保护滇池，不惜倾家荡产负债 20 多万元。

他也是一个战士。他所有心血都耗在保护滇池上，两任妻子先后离他而去，三个女儿离家出走；因为这种行为会断一些人的财路，他在 30 年间一次次受伤，可偏偏他就是那种劝不住、吓不怕、打不倒、买不动的人。

他守护住了滇池的一片碧绿，他是 2009 "感动中国"十大人物之一。2011 年，他入选国家形象宣传片，他叫张正祥，被称为"滇池卫士"。

故事二：一群人参与环保的故事。②

有一群人，在 1993 年的北京开了一次关于环保的会议，然后决定成立一个环保组织。20 多年来，这个组织动员了社会上的几万人，他们打击了盗猎藏羚羊的偷猎者，促成了政府在可可西里保护藏羚羊的一号行动。

---

① 　中国青年网：《滇池卫士张正祥是一面镜子》，http://pinglun.youth.cn/wywy/shsz/201102/t20110210_1477665.htm，2021-07-25。

② 　百度百科：《自然之友》，https://baike.baidu.com/item/ 自然之友 /1674275?fr=aladdin，2021-05-04。

他们在 2000 多个乡村小学开展环境教育，将环保的种子扎根在这些孩子的心中。这个组织就是中国民间第一个环保组织——自然之友，这群人是梁从诫、梁晓燕等。

大家可能好奇，找到这些故事素材需要多长时间？其实寻找每个素材时间都很短，大概需要 10 分钟。为什么通常准备演讲素材都需要很长时间，而此次的准备过程却如此高效？因为当我们列出故事清单，有了特定目标之后，就可以快速从网络上搜索到对应的故事；如果没有列出故事清单，漫无目的地搜索，找到合适的故事素材就十分困难。

当莉莉把这几个故事串起来后，只要在演讲结尾处对主题进行简短的总结，就是一篇十分不错的演讲。虽然这篇演讲里面有很多细节需要继续打磨，但已经比那些枯燥的演讲好很多。故事结构的亮点在于，当孩子讲故事时，大家都被吸引了；当说出结论时，观众已经卸下心理防线，更能够接受演讲者的观点。而且孩子记故事要比记其他内容更省力，小朋友们也更爱听故事，所以孩子更容易在公众表达时有流畅、出彩的表现！

如果要想让孩子成为善于演讲和表达的"故事达人"，还要勤加练习，教师及家长要给孩子创造"讲故事"的舞台，如组织家庭演讲秀，或者在幼儿园举行讲故事大赛，让孩子登台分享。勤于练习，这才是锻炼孩子演讲表达能力的关键。此外，还可以准备些评奖的小礼品，评比"最佳故事达人"。

可以参考以下三点，作为评判孩子演讲中故事讲得好坏的标准。

（1）故事要素是否全面。看一下孩子在讲故事过程中，"时间、地点、人物、起因、经过、结果"等要素是否都交代清楚，有没有丢失关键情节。

（2）故事呈现是否到位。看一看孩子的表情和动作，能不能生动地呈现故事，这个需要教师及家长做出示范，以便让孩子模仿。

（3）故事用词是否生动。同样的故事用不同的词语去表达，效果就会有很大的区别。孩子词汇量较少，在讲故事时运用的词汇不一定生动准确，这也是提升孩子词汇量的一个机会。

在比赛前，家长及教师们可以根据定目的、列清单、找故事三个步骤，帮助孩子一起设计一场精彩的故事型演讲；在比赛时，不管孩子的故事讲的效果怎么样，教师和家长一定要做最好的倾听者，多给孩子一些鼓励，这样孩子会拥有更多的自信。通过这样的练习，孩子能够绘声绘色地做演讲、讲故事，也会获得更多的自信！（见图 2-4）

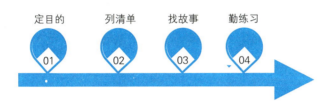

图 2-4　演讲故事地图

第 3 节　记忆故事地图——如何巧用故事元素，助力孩子记忆能力启蒙？

1991 年，被称为"记忆之父"的托尼·博赞发起了世界脑力锦标赛（World Memory Championships）。时至今日，这项比赛每年吸引了成千上万的选手报名，其中不乏一些青少年儿童的身影。越来越多的大人开始重视儿童的记忆力启蒙，即使孩子成为不了"记忆大师"，他们也希望孩子拥有良好的记忆能力。良好的记忆力对于孩子未来的学习、工作都会起到事半功倍的"催化剂"作用。

儿童早期的记忆力启蒙是提升孩子记忆能力的关键。在记忆素材的选择上，大人往往偏重于生字、古诗、单词等素材，但强制性机械记忆，通常会让孩子丧失了记忆的热情。记忆力是一项伴随孩子终身的能力，而且可以通过后天的训练大幅度提升。在儿童服务站，我们曾为孩子设计了演古诗、找隐喻等记忆启蒙游戏，孩子们积极参与并且取得了不错的记忆效果。记忆力的培养并不是难事，关键在于掌握其中的规律，使记忆力的培养既符合孩子大脑成长的规律，又符合记忆的基础规律。

一、故事是记忆的 DNA，学会巧用场景等"故事元素"

美国心理学家杰弗里·科特勒曾指出，故事是记忆的 DNA，故事里面有记忆的秘密。[①] 在日常生活中，我们也会发现，很多好故事只听一遍、只看一遍就记住了，但是知识点反反复复背诵很多遍却还是记不住。

故事为什么容易被人记住？因为故事有鲜活的场景、强烈的情绪和引发思考的隐喻。大脑中负责记忆的区域包含两个部分，分别是海马体和杏仁核。场景可以激活大脑的海马体，情绪可以激活大脑的杏仁核。激活了这两个部分，记忆的内容就很难忘掉了。

我们把运用故事原理的记忆方式称为故事化记忆，具体方法包括创建场景以及融入情节中的隐喻。记得小时候背诵圆周率 3.14159，对应记"山间一寺一壶酒（山里有座寺庙和一壶酒）"，将记忆素材转化为场景后就容易记住。如果孩子能够从小时候进行故事化记忆的启蒙，习得正确的记忆方式，刺激早期大脑的发育，那么就会获得超出同龄人的记忆能力。我们在给孩子做故事化记忆启蒙时，也可以尝试下面这些技巧来融入场景元素。

1.将记忆素材加入"五觉"，深化对素材的理解

儿童在 3～6 岁还处于具象记忆时期，要尽可能创造条件让儿童多看、多摸、多闻、多听、多尝，让记忆素材包含五觉（视觉、触觉、嗅觉、听觉、味觉）元素。多感官的刺激会加深对记忆素材的印象，在生活中这样

① ［美］杰弗里·科特勒：《改变心理学》，钟晓逸译，北京，台海出版社，2018。

的例子也比比皆是，笔者曾游玩了很多地方，至今记得初到厦门鼓浪屿时，碧海蓝天旁的复古建筑，青石小路旁传来的悠扬琴声，味鲜香弹的林记鱼丸……这其实就是视觉、听觉和味觉多感官刺激带来的深刻记忆。将记忆素材加入"五觉"这个方法，特别适合应用在孩子背诵古诗词的记忆启蒙中。很多家长让孩子死记硬背，倒不如让孩子变身"主人公"，认认真真把古诗中的场景演出来。记得涵涵在 3 岁的时候，背诗总是把"处处闻啼鸟"和"离离原上草"背混淆，这两句话的音韵特别相似，但场景却完全不同。后来通过让涵涵分别"变身"两首诗的主人公——孟浩然和白居易，来表演《春晓》及《赋得古原草送别》两首诗，来强化她对古诗的记忆。《春晓》这首诗的表演是在室内完成的，涵涵表演了早晨起床伸懒腰的动作，同时大人用手机搜索小鸟叫声进行听觉的刺激；《赋得古原草送别》这首诗的表演，我们来到了公园草坪，让她体验"离离原上草"的触觉感受。这样的表演把古诗变成包含"五觉"的生动场景，孩子记忆的过程变得生动有趣，就能快速区分两首诗的不同之处。进化论心理学家曾提出：人类的祖先大概常回忆上一餐的地方或回岩洞的路，所以强化了对于场景记忆的本领。场景中的"五觉"元素越丰富，儿童的体验越深刻，记忆效果越好。

美国的一些幼儿园也特别注重从各种感官刺激孩子的记忆，幼儿园老师会制作颜色鲜艳、线条突出的记忆卡片，还会收集一些相关主题的儿歌，并且带孩子一起扮演故事角色。这就是从视觉、听觉、触觉等不同角度刺激孩子的大脑，强化大脑对记忆素材的存储。

2.可以将记忆素材编成一个具有连贯场景的故事

心理学家卡罗尔·彼得森曾指出，如果人们清楚事件的人物、经过、时间、地点和原因，那么这个事件比不连贯的记忆碎片更有可能保留下来，而且保存下来的可能性是后者的五倍。所以我们还可以利用编故事法，让孩子将各记忆素材编成一个具有逻辑的故事。比如，将场景、情绪和隐喻三个记忆要素，想象成一列火车的三个站点，就像一个人上车看到美丽的场景，引发激动的情绪，最后旅程结束，领悟出关于人生的隐喻。只有走过场景站、情绪站和隐喻站，才能到达记忆的终点。这是一个特别简短的故事，但是却能帮助孩子有效地记住场景、情绪和隐喻三个知识点。这种方法对于提升孩子日常事情的记忆也有帮助。比如，我们在和涵涵的亲子对话中，经常会这样表达：

·5月的清晨我们去爬山，你还记得下雨后，我们是怎样避雨的吗？

·为什么上次去科技馆，我们只看了一半就回家了？

·去年冬天去滑雪，是爸爸陪你去的还是妈妈陪你去的？

············

每次与孩子的对话，我们都会有意识地提醒事情发生的时间、地点、原因以及类似的事情，并且找机会让她将当天发生的事情进行完整复述。孩子在每一次复述的过程中，就把一个具有连贯场景、有逻辑的故事记在脑海中。

二、激发情绪，改掉错误记忆的好方法

在电影《头脑特工队》中，主人公莱莉（Riley）的头脑里住着五个小伙伴，他们是人类的五种主要情绪——Joy（快乐）、Sadness（忧伤）、Fear（害怕）、Anger（愤怒）和 Disgust（厌恶），这些情绪把每天的经历传输到长期记忆区。这部电影其实从侧面启示了我们，人如果要形成长期记忆，多数是在某种情绪的作用下。多伦多大学心理学教授丽贝卡·托德发现，一个人体验某件事的深入程度会影响他后来回忆起这件事的难易程度。人们对于初吻、婴儿出生、获奖或生病、失败等事情的记忆特别清晰。[1]

---

① [美]卡迈恩·加洛：《像 TED 一样演讲：创造世界顶级演讲的 9 个秘诀》，宋瑞琴等译，北京，中信出版社，2015。

情绪如照相时闪光的快门，将那一刻的情景拍摄记录下来。

那么，我们如何在记忆素材中融入情绪呢？

1.夸张呈现，制造孩子的情绪反差

孩子们因为年龄和天性等原因，记忆过程中容易出现混淆。很多教师及家长通常把这类问题归结为孩子马虎、不细心，却不知如何更好地改正这种记忆上的偏差问题。这里告诉你一个简单的小妙招，就是抓住孩子答对的契机，动作夸张地加以夸赞。比如，儿童服务站的孩子时常会出现把"百"认成"白"、把"目"认成"日"的情况，这主要是因为孩子对文字识别能力还不成熟。当孩子读错时，教师及家长可以态度平和、积极引导孩子发出正确的读音并解释含义。只要发现孩子们念对，儿童服务站的教师就大声夸赞，同时配合惊讶的表情和大声鼓掌等动作。这种前后情绪反差，给孩子留下了十分深刻的印象。仅仅两次，这个孩子再读这个字，就完全念对了。因为孩子在念这个字时，一下就想起当时强烈的情绪刺激，想读不对都难了。利用情绪来强化记忆，特别适合孩子记易混淆的一些知识点。面对这样的知识点，必须用新的情绪记忆替代之前错误的记忆结果。

2.探寻背后的故事，激发孩子的情绪

知识点背后的故事，往往能够激发我们的情绪，帮助我们记住抽象枯燥的知识点。比如，在儿童服务站，有的小朋友对红黄绿三色交通灯很好奇。为了让孩子们更清晰地记住三色交通灯知识点，教师们收集了这个知识点背后的故事，激发孩子的情绪，帮助孩子记忆。

1868 年，英国机械工程师纳伊特在伦敦威斯敏斯特区的议会大厦前的广场上，安装了世界上最早的煤气红绿灯。灯柱高达 7 米，只有一盏光源，红绿灯的切换是通过煤气灯罩前的两块红绿玻璃完成的，红绿玻璃切换是执勤警察通过牵动皮带轮控制的，这是第一盏用于街道的交通

信号灯。不幸的是，这盏独具创意的信号灯始祖只面世了 23 天就爆炸了，当时控制信号灯的警察也因此断送性命。由于其安全性得不到保证，城市交通信号灯被暂时取消。直到 1914 年，美国俄亥俄州克利夫兰市才重新出现了红绿灯。①

相传黄色信号灯的发明者是我国的胡汝鼎，他怀着"科学救国"的抱负到美国深造，在美国通用电器公司任职员。一天，他站在繁华的十字路口等待绿灯信号，当他看到红灯停而正要过马路时，一辆转弯的汽车擦身而过，吓了他一身冷汗。

回到宿舍，他反复琢磨，终于想到在红、绿灯中间再加上一个黄色信号灯，提醒人们注意危险。他的建议立即得到肯定。于是红、黄、绿三色信号灯即以一个完整的指挥信号家族，遍及全世界陆、海、空交通领域了。

其实教师在查找三色交通灯背后的故事时，发现对于黄色信号灯的传说有不同版本，比如，有的资料显示 1899 年，美国铁路系统就使用了三色灯；1920 年 10 月，美国公路就已经安装了三色的信号灯。教师当时给孩子讲时，并没有因为拿不准就避讳不讲，而是留给他们一个开放性问题，让孩子课后去搜集资料，判断这个故事是真是假。

当孩子早期记忆启蒙时，这些略带冲突感的小故事不仅会加深孩子对知识点的进一步理解，而且会激发孩子的情绪和感性认识，强化孩子对知识的记忆。就像通过对三色交通灯故事的探讨、评判，孩子们对红、黄、绿三种颜色代表的含义有了更加深入的理解，强化了其对知识点的记忆。

①　腾讯网：《奇闻趣事：到底先有红绿灯还是先有汽车？》，https://new.qq.com/omn/20200702/20200702A0BZ4G00.html，2021-07-25。

三、创造隐喻，让抽象类知识与现实连接

生活中，我们会发现有一些孩子在学习时能够触类旁通、举一反三，有的却"举一反一"都很费劲。这其中的差别在哪里呢？在于对新知识的理解度。能够充分理解知识的原理，就能灵活地记忆和运用知识。《我们赖以生存的隐喻》一书提到隐喻不仅是一个修辞学概念，而且是人类思维认知和表达外在世界的一种工具。甚至不夸张地说，我们理解整个世界的方式，都是隐喻。[①] 所以我们在进行数学等较为抽象的学科启蒙时，可以通过隐喻将它们与现实中的事情联系起来，这会让孩子更容易记忆。

至今，我仍记得小时候妈妈讲过一则科学轶事。物理学家爱因斯坦曾问他的叔叔"什么叫代数？"他的叔叔解释："代数这个东西，就是'懒鬼'，凡是不知道的东西，都把它叫作 X。然后，我们一步一步地求 X，直到求出 X 为止。"听的时候觉得很生动有趣，"代数是懒鬼"这个隐喻，我也一直铭记到今天。那么，如何通过隐喻强化对于数学等抽象知识的记忆？可以使用下面两个小技巧。

1. 使用思维导图，进行多维度隐喻练习

《科学》杂志曾公布浙江大学研究人员的一项成果，记忆印迹细胞之间的突触不仅是公路间相联系的"桥梁"，而且是储存记忆的"仓库"。如果不进行"强化"，大脑中的小胶质细胞就像是"拆迁队"，把"桥梁"给拆掉了，导致记忆内容"年久失修"，最终被遗忘。从大脑的特质来说，短时记忆要转变为长时记忆，需要新的蛋白质合成和新突触的形成，而每当孩子新想出一个隐喻的角度，那么神经元突触之间的刺激就会增强，记

---

① ［美］乔治·莱考夫、马克·约翰逊:《我们赖以生存的隐喻》，何文忠译，杭州，浙江大学出版社，2015。

忆效果就会越好。[①]

　　我们曾帮助儿童服务站的孩子克服一个记忆小问题。在辅导数学作业时，发现孩子们面对一道算术题中既有中括号"［　］"又有小括号"（　）"的情况时，总是搞不清运算顺序，这时我们就要启发孩子们创造关于中括号和小括号的隐喻。但通常的情况是，孩子不容易一下找到合适的隐喻，教师可以运用思维导图激发孩子的联想。

　　通过画思维导图，我们提炼出"先计算小括号后计算中括号"这一先后原则，然后以形状、身份、谐音等各维度创造隐喻。儿童服务站内有两个孩子想出的隐喻特别生动易懂。一个孩子以形状展开联想说：中括号是一张床，小括号是刚睡醒的眼睛，早晨起来，必须先睁开眼睛再起床，所以先算小括号，后算中括号。另一位孩子以身份展开联想说：中括号是小学，小括号是幼儿园，必须先上幼儿园再上小学，所以先算小括号。孩子们的想象天马行空，通过不断地创造隐喻，把这个枯燥的数学知识点记得特别扎实。创造隐喻让孩子将生活中有趣经验和抽象的知识紧密地联系了起来，揭开了知识的神秘面纱。这个思维的过程，也强化了孩子对抽象知识的记忆。

　　2.制作卡片，将隐喻故事反复回放

　　据说有一位美国作家的房间里挂满了小卡片。不管是窗帘上、衣架上、橱柜上，还是床头上、镜子上，都挂着一串串小纸片，每片纸上都记下了美妙的词汇、生动的比喻。纸片挂在房间的各个部位，为的是他在穿衣、刮胡子、踱步时都能看到。这个技巧其实也适用于我们增加对抽象类知识的记忆。家长如果想给孩子做有效的记忆启蒙，可以让孩子自己动手制作知识隐喻卡片，正面是抽象的知识点，背面是创造的隐喻，把

①　Chao Wang, Humin Yue, et al., "Microglia Mediate Forgetting via Complement-Dependent Synaptic Elimination," Science, Vol.367, No.6478. 7Feb.2020.

这些卡片放在床头、书桌、镜子等随处可见的地方，随时回放这些知识，防止大脑遗忘。这就好比一个电影如果我们看十遍，一定比看一遍印象深刻得多。

故事化记忆可以有效地提升孩子记忆效果，因为我们在设置场景、创建隐喻的过程中，也在加工应用这些信息，强化对素材的思考和连接。很多时候，记忆素材过于抽象，它跟我们熟悉的事物离得太远，我们通过"故事化"思考拉近了这种距离，这也符合大脑的记忆模式。

综上所述，当我们针对孩子做古诗、历史等文科类记忆启蒙时，可以运用制造场景的方式，这兼顾了儿童理解的准确性和启蒙的趣味性；当针对孩子做数学等理科类抽象素材的记忆启蒙时，可以运用创造隐喻的方式，这强化孩子对未知知识和已知知识的连接；当孩子在记忆过程中出现易错点，可以运用激发情绪的方式来更正错误的记忆。（见图 2-5）

图 2-5　记忆故事地图

古希腊的先哲曾说"记忆是智慧之母"。的确，记忆力是一种底层能力，它是孩子创造力、学习力等能力的基础。在信息爆炸的今天，良好的记忆力是不可或缺的能力之一。通过将记忆素材融入故事场景、故事情绪及故事隐喻，孩子能越过记忆启蒙道路上的山丘，成为高效的记忆达人。

第 4 节　观察故事地图——如何通过日常旅行，让孩子学会观察细节之美？

教育家蒙台梭利的《有吸收力的心灵》中提到：0～6 岁的儿童，尤其是在其 2～4 岁时，对周围的事物有着惊人的吸收力，这种吸收力会一直伴随着孩子。① 所以 2 岁开始是培养儿童观察能力的重要阶段。儿童的观察能力是逻辑推理、人际交往、语言表达等能力的基础。我们日常从外界获得的信息，基本都是通过观察获取。处处留心皆学问，同样一个场景，不同的孩子获得的信息量会有很大差别，这种差别会造成孩子们在吸收知识、感悟生活等方面的差距。

那么，如何有效地培养孩子的观察力呢？怎样让孩子养成"处处留心"的好习惯呢？旅行就是一个很好的方式。古罗马哲学家奥古斯丁曾说，世界是一本书，不旅行的人们只读了其中的一页。旅行是我们观察世界的方式，只有带孩子去旅行，才能让孩子看到江南的小桥流水、大漠的长河落日、海滨夏日的碧水蓝天和北方小镇的银装素裹。旅行中的自然风光和人文故事，促使孩子运用他们的感官去观察和探究，不仅成为孩子独特的经历和体验，而且为孩子积累了大量的"故事素材"。

一、提升兴趣，是培养孩子观察能力的前提

有的孩子通过旅行增长了见识，旅行中的所见所闻成了他们的故事素材，他们可以和其他小朋友绘声绘色地分享旅行中的故事。但是令人苦恼

---

① ［意］玛丽亚·蒙台梭利：《有吸收力的心灵》，高潮等译，北京，中国发展出版社，2006。

的是，这往往是"别人家的孩子"。很多大人发现，带孩子玩了一圈，但如果想跟孩子聊一聊"旅行中发生了哪些有趣的故事？遇到了哪些特别的人？"孩子却支支吾吾答不上来。

如果想让孩子成为善于分享旅途见闻的"故事小达人"，那么每一次旅行都不应该是走马观花。哪怕只是幼儿园的一次参观或郊游，教师和家长也一定要用心设计，增加旅程的趣味性。很多大人更在意旅行出发前将孩子的生活必需品准备齐全，其实，这些准备工作完全可以交给孩子去做，锻炼孩子的自理能力。大人最需要做的工作，是激发孩子对旅程的兴趣，在孩子心中种下"故事"种子。孩子只有对旅程充满期待，才会在旅程中全身心投入，也就更容易观察到、感知到一些细节和景色。教师及家长可以运用以下三种方法，让孩子对每次的旅行充满期待与想象。

方法 1：设置具有悬念感和反差感的旅行

故事为什么吸引人？因为故事中有悬念；旅行如何吸引孩子？那就要在旅行前制造悬念。涵涵小时候出去旅行，我们都会介绍与旅游地相关的神话人物和动画人物，例如，我们介绍西安是《西游记》中取经出发和归来的城市，新疆有唐僧师徒经过的火焰山等，这让她对这次旅行充满期待。很多大人觉得只有历史古城才可以挖掘有趣的故事，其实每座城市都有自己的传说，很多孩子往往缺乏对所在城市历史的了解。哪怕是一次春游、一次野炊，教师及家长都可以提前收集资料，多讲一讲当地的历史传说，这些传说轶事很容易让孩子对一次旅行充满期待，也能够增加孩子的人文底蕴。

有趣的旅行还需要一些"反差感"，有反差才不会让孩子觉得单调和无趣。如游玩历史古城时，大人可以白天带孩子在古建筑中骑行，感受历史的厚重；晚上去观看高科技的"灯光秀"演出，感受科技和历史的反差。在游玩海滨城市时，可以在华灯初上的夜晚，听海浪拍打岸边的声音在夜空回荡，感受白天喧嚣与夜晚寂静的反差。只要大人用心去设计，一定可以制造出旅程的反差体验。同时也要发挥孩子的积极性，让孩子参与到行程规划中来。家长和教师才是孩子的"最佳导游"，在旅行前多一点用心设计，让孩子多一份期待和想象，就可以给孩子留下难忘的回忆。

方法2：给旅行赋予有想象力的主题

发展心理学家皮亚杰研究发现，2～6岁的孩子还不具有完整的逻辑思维能力，但具有表象思维，想象力丰富，认为万物有灵。这时候，如果加入一些想象性的主题，就会很受孩子的喜爱。比如，孩子喜欢动画片《七龙珠》，大人就可以仿照七龙珠的规则，带孩子开展一次"石头记"主题旅行，每到一个城市，寻找一块最美的石头，然后集齐这些石头做成作品。学前阶段的幼儿往往不能长久地持续进行观察，很容易受到外界环境变化的干扰，所以这个阶段应该设置较为简单、易于操作的主题。

针对6岁以上的孩子，可以设计"古诗之旅""历史之旅"等，让孩子结合古诗及历史事件去实地走访下途经的城市，在旅程中融入文化主题。比如，如果孩子喜欢看《西游记》，大人就可以设计"重走西游之路"，让孩子走访真实历史中取经之路途经的城市。大部分孩子对历史文化的知识是碎片化的，这样特定主题的文化之旅有助于"连点成线"，让孩子形成较为系统的文化认知，也增加了旅途的趣味性。当孩子开始"主题"旅行时，游玩就不再是漫无目的的闲逛，而是有针对性地进行观察和积累。

二、观察力"三游戏"，让孩子发现旅行之美

旅行中不缺少故事，但缺乏发现故事的眼睛。被称为"南行大侠"的中国作家艾芜，21岁时从成都经云南去缅甸，一路带着纸和笔，在小客店的油灯下、野外山坡上，随时记录自己的所见、所闻，最终成就了一部优秀作品《南行记》。

相比于以前，现在高铁、飞机等交通方式更为便利，孩子去的地方不比作家艾芜少，但是却没有独特的故事和经历，这其实是观察能力的缺失。孩子缺乏观察力，就更需要大人进行合理的引导和启蒙。教师和家长需要引导孩子观察旅程中的细节，下面是三种具体的方法供大家参考。

1. "随机问"游戏

要提升孩子的观察力，可以通过不断地提问，让孩子形成留意生活细节的习惯。特别是带孩子去博物馆旅行时，博物馆传递的信息量较大，如果不细致观察，很容易错失很多精彩的细节。在孩子去博物馆等地方之前，教师及父母可以提前做一份"问题清单"，方便和孩子开展随机提问游戏，让孩子注重观察每件艺术品的细节。大人可以围绕生活中的点滴细节进行提问，使孩子关注一些容易被忽略的细节：

· 房间的天花板 / 窗户 / 地面 / 墙角上都有什么？

· 游玩时的云朵都有什么形状？

· 旅行前后家里的植物 / 车站附近有什么变化？

· 博物馆里最珍贵 / 最美丽 / 最打动人的展品是哪一件？

…………

不只是大人对孩子进行提问，也要让孩子提问大人，因为孩子的提问也是他观察的一部分。通常大人和孩子可以各自拿一个积分本，答出来积一分，最后看谁获得的积分多。经过长期的训练，孩子的观察力甚至会比大人敏锐很多。哪怕生活中一点细微的变化，也逃不过孩子的"火眼金睛"。

2. "讲画面"游戏

自然之美在于画面之美，在去一些以自然风光为主的景点时，大人要锻炼孩子通过叙述营造"画面感"的能力。记得有一次，我们看到一大片油菜花时，清风拂面，蜂飞蝶舞，蜿蜒至天际的金黄色油菜花田映入眼帘，特别震撼。于是我让涵涵描述下她看到的画面，她那时只会讲"这些花好美，一大片黄黄的"。后来我们每到一个景点，就锻炼孩子用语言描述出看到的美丽画面。大人们可以给"讲画面"游戏增加些新的玩法，比如，让孩子描述他看到的画面，大人拿出纸笔进行简单的绘画。刚开始由于孩子表述细节时会"丢三落四"，大人也会画得"乱七八糟"，大人和孩子都会觉得很好笑，整个互动过程温馨、有趣；同时这个时候双方都要思考如何准确反映事物特征和场景细节，如何用语言去描述画面才能更好地传递信息。

这里给大人一些判断孩子描述画面好坏的参考标准：

· 是否比较全面地描述了画面细节？

· 是否抓住了画面传递的主要信息？

· 是否按照一定逻辑顺序描述细节？

· 是否准确阐述了画面中各部分的关系？

· 描述画面的语言是否生动准确？

通过不断地练习，孩子才能逐渐学会从左面到右面、从远处到近处、从整体到细节的表达方式，描述画面时越来越有层次感。当孩子能够准确、生动地描述看到的画面时，就具备了快速将视觉信息转换为语言的能力，这也为即兴表达打下了基础。

3."抓独特"的练习

当孩子能够表达完整句子之后，应当逐渐增加难度，进行"抓独特"练习。每当发现孩子对某些不同寻常的建筑物、动植物产生兴趣，或者遇到样貌、穿着具有特点的行人，就可以引导孩子描述出 3～5 个细节，勾勒出场景或人物的独特之处。

细节是什么？细节是讲故事必不可少的元素。抓取细节的能力，就是讲故事最重要的基础能力之一。

最独特的细节是什么？就是不同于其他同类的差别之处。记得法国著名文学家福楼拜要求徒弟莫泊桑到马车站去观察马匹："马车站有许多马，你仔细观察，然后用一句话描绘出其中一匹马与其余几十匹马不一样的地方。"就这样，莫泊桑锻炼出了超常的观察力，他的小说以人物刻画细致、入木三分著称，在世界文坛享有很高的声誉。

在生活中，大人可以随时带孩子开展抓取独特细节的练习。比如，当你带孩子到户外玩时，你可以指着绿油油的树叶跟孩子说，描述一下你觉得最不一样的三片叶子；在电梯中遇到一位叔叔，你可以在下电梯后，问孩子刚才这个叔叔容貌和衣着的特别之处，甚至可以通过这些独特细节，让孩子猜一猜叔叔的职业。经过长期的训练，孩子抓取独特细节的能力会大幅提升，讲故事的水平也会大幅提升。

总之，有了观察，才有细节；有了细节，孩子讲的故事才生动。

三、强化输出，让孩子把观察到的细节表达出来

当一次旅行结束，我们通过前期的准备和细致的观察，积累了大量的旅行故事，但观察的最终目的是让孩子进行有效的输出，将观察到的素材通过思考转化为观点，使孩子成为能说会写的"小小故事家"。下面的两种方法，可以为教师及家长做一个参考。

1.制作旅行故事集

旅行故事集为孩子提供一个可输出的载体，当孩子还小的时候，如果不能说出来或写出来，可以依靠图画来记录观察到的细节。但是当孩子到了可以写字的年龄，要逐渐消除孩子依靠图画记录日常故事的习惯，防止降低其对文字的敏感性。

创作旅行故事集并不一定要在旅行结束后，可以采用"打卡"的形式，对每天的旅行故事和观察到的细节进行记录总结。旅行中要给孩子留一些他喜欢的小物件，哪怕是一片叶子，一张票根，这些是孩子创作的重要素

材。一本生动有趣、细节丰富的旅行故事集，不仅是温馨亲子时光的记录，更是孩子成长的最好见证。

2."说照片"的练习

德国心理学家艾宾浩斯研究发现，如果人记忆的东西不进行巩固，这些记住的东西就会遗忘，如果经过了及时复习，这些短时记忆就会成为人的一种长时记忆。

所以，即使带领孩子做了对观察到的细节以及故事的记录，孩子依然可能会忘记。大人要利用起一些碎片化的时间，带孩子做旅行故事的温习。每次旅行，教师及家长可以用手机拍摄很多照片，去抓拍一些孩子嬉笑打闹的精彩瞬间。在闲暇时，大人可以带着孩子翻看手机，翻一翻之前旅行的旧照片，让孩子讲一讲发生的故事、遇到的人以及当时的感受等。通过对这些照片的复述，我们强化了孩子对观察细节的记忆，也重温了美好的旅行时光。

作家三毛曾说，旅行真正的快乐不在于目的地，而在于它的过程。遇见不同的人，遇到奇奇怪怪的事，克服种种的困难，听听不同的语言。其实，这个过程就是故事。旅行，不在于带孩子走了多少地方，而在于在每个地方留下了多少回忆，观察发现了多少故事。让每一次旅行经历都成为孩子的"故事素材"，让孩子拥有一双善于观察和发现细节的"火眼金睛"！

第 5 节　心理故事地图——如何用故事探析孩子心理动机并改善行为问题？

在 2019 年上映的国产动画影片《哪吒之魔童降世》中，李靖夫妇把生性顽劣的哪吒，培养成了救百姓于水火的小英雄。敖丙生性善良，却因为父亲龙王一直讲玉帝对待龙族偏心的故事，灌输仇恨和抱怨，做出了水淹陈塘关这件大错特错的事。这部动画电影不仅故事情节设计精彩，而且包含一部生动的"育儿经"。

为什么两个孩子的人生会如此不同？

因为他们从小到大经历的事情、听到的故事决定了他们的成长轨迹。孩子在成长过程中，会出现各种各样的行为问题，比如，有的孩子爱发脾气，有的孩子不爱学习。那么，如何解决这些行为问题？被誉为"故事医生"的苏珊·佩罗发现，故事对孩子成长的作用是巨大的，孩子的心理和行为都可以被故事影响。[①]

总体来说，用故事来解决孩子的心理及行为问题，激发孩子的正向成长，一般可以分为三个步骤，分别是识别心理动机、创造隐喻故事、给予正面反馈。

一、巧用故事，识别孩子深层次的心理动机

在《哪吒之魔童降世》电影的开头，李靖夫人找哪吒来聊天谈心，哪吒横躺在李府城墙上，一副爱答不理的样子。在哪吒玩世不恭行为的背后，其实暴露出他的心理层面出现了较大的问题。因为哪吒从小被别人当作妖怪，他已经不懂得向别人表达感情，只会用冷漠的态度掩饰内心的情感和想法。

美国心理学家韦特默在 1896 年开办了第一个儿童行为矫正诊所，专注于儿童行为与心理的关联研究。他发现孩子那些令家长头痛的行为背后，隐藏着孩子某些心理上的问题。在育儿的实践中，如果我们不能识别行为

---

① ［澳］苏珊·佩罗：《故事知道怎么办：如何让孩子有令人惊喜的改变》，童本、童乐译，天津，天津教育出版社，2011。

背后的心理问题，那就会陷入头痛医头、脚痛医脚的境地。

那么，教师及家长应如何识别孩子的心理问题呢？

英国著名小说家 J.K. 罗琳在成名后，曾多次在访谈中提起 6 岁时创作的一个故事。故事很简单：一只小兔子得了麻疹，小伙伴们纷纷来看望它。年幼时内向的她希望通过这个故事告诉身边的人：她也需要得到关注。孩子可能不会坦诚地向大人表达这些问题，但是编故事给了他们一个安全的方式。

编故事也是西方的艺术疗法里的一种方式，孩子通过创编故事，进行自我宣泄和情感疗愈。如果孩子在编写故事时，出现了尿床、打架、挨欺负等情节，那么教师及家长一定要好好地跟孩子聊一聊，是不是孩子遇到了什么困扰。故事中主人公遇到的问题，往往是因为孩子在生活中有类似的困扰。除了让孩子运用写故事的方式，教师和家长还可以和孩子一起玩故事接龙，这种游戏能够提高孩子创编故事的积极性。

儿童服务站的老师曾用"故事接龙"的方法，去了解一个 7 岁孩子的内心真实想法。琪琪是一个爱吃零食的小女孩，她特别爱吃一些不健康的食品。老师在和她聊天的过程中，问她为什么喜欢吃零食，她说因为零食好吃。但我们觉得这不一定是全部原因，就和琪琪开展了一次故事接龙。

师：在大森林里，小熊举行了一次聚餐，邀请其他小动物来家里吃饭。

琪琪：小熊把家里收拾得干干净净，也准备了很多好吃的。

师：小熊准备了西红柿鸡蛋汤、蒸南瓜，迎接小伙伴的到来。

琪琪：小伙伴们不喜欢吃这些，小熊要准备辣条和烤香肠，这些受欢迎。

（捕捉原因一）

师：小熊把这些好吃的食物摆了满满一桌子，"吱嘎"一声，小熊的爸爸妈妈推门回来了，原来他们下班回到家里了。

琪琪：（稍停顿）小熊的妈妈上班很累，但是听说小熊要找小朋友过来，还是买了很多小食品带到家里。

....

通过一个简单的故事接龙片段，我们就能捕捉到现象背后的心理原因。那就是孩子把零食赋予了社交属性，如果不解决这个问题，吃零食的问题就没办法解决。

后来服务站的老师和孩子的妈妈聊天时发现，琪琪的爸爸在陪伴孩子上很缺位，而妈妈有时工作特别忙，来不及做饭时，就会给孩子备上各种各样的零食。孩子也会拿这些小食品，去学校里跟其他小朋友分享。

当我们跟孩子玩故事接龙时，因为有了故事角色的包装，孩子可以比较安心地说出自己内心的真实想法。识别心理问题这一过程很关键，是运用故事疗愈孩子的重要基础性工作。如何更好地和孩子开展故事接龙呢？教师和家长有三点需要注意。

首先，以生活中真实问题进行引导。

在和孩子玩故事接龙时，可以逐渐指向孩子生活中的问题，通过故事接龙了解孩子的真实想法。比如，孩子平时不爱起床，大人在故事接龙时，可以直接在开头说，小白兔特别爱赖床，每次出去玩都不能准时出发。这个时候停顿下来，让孩子接着编，他创作的故事内容可能是他内心的真实想法。

其次，不要否定孩子的思路。

孩子有时候编故事的思路会和大人有所不同，但是故事无对错，不要急于否定孩子。比如，琪琪在和教师的互动中，说出小熊准备了辣条和烤香肠，如果教师直接否定孩子的想法，表达出"小熊不能准备这些吃的，这些吃的都对身体不好"的想法，这个故事接龙就无法继续开展了。

最后，大人做情节铺垫，让孩子展开主要情节。

在故事接龙过程中，教师及家长要学会做"穿针引线"的工作，故事的主要情节要让孩子去展开。比如，在上面的对话中，教师对琪琪说爸爸妈妈下班回来了，却没有说下一步的情节，就是为了引出琪琪的答案，看看家长究竟在孩子吃零食中扮演什么角色。但如果不做好情节的铺垫，不在接龙中提熊爸爸、熊妈妈等人物，那么孩子在编故事时可能就不会想到讲爸爸妈妈的部分，所以教师及家长要掌握一定的引导技巧。

二、创造隐喻故事，改变儿童内心认知

心理治疗大师米尔顿·埃里克森曾说过："所有的心理问题，都可以用说故事的形式解决。"[①]当识别出孩子的心理问题，我们就可以精准地创造新故事，用新故事来替代原来的认知。

比如，原来哪吒一直觉得自己是人人讨厌的妖怪，所以自暴自弃。当李靖告诉哪吒"灵珠转世"的故事时，哪吒才知道自己身负重任，重新对生活充满希望。好的故事，可以绕过孩子大脑中的防御机制，滋养孩子的内心。

那么，创造新故事有什么方法？

1. 运用隐喻，编排故事改变认知

故事隐喻来源于叙事文学，它认为人的自我建构是由故事组成的，而不是一个一成不变的事实。米尔顿·埃里克森喜欢用隐喻的方式进行辅导，而且效果堪称一流。以刚才琪琪吃零食的案例来说，我们就可以运用新故事打破她原来对零食的认知，其中既包含打破她对零食的正面认知，又包含打破她对零食社交性的认知。

后来，儿童服务站的老师给琪琪编了一个"小兔子大战垃圾精"的故事。

在大森林的泥潭旁有一个垃圾精，它专门制造垃圾食品，来吸引小动

---

① ［加］玛丽莲·阿特金森：《高级隐喻：故事转化生命》，吴佳等译，北京，华夏出版社，2018。

物们。但是有一只小白兔，却无意间破译了垃圾食品的特殊字符，可它身边的小动物都不相信，于是它决定带小动物们去亲眼看看垃圾精。

到了森林的黑水池边，小动物们被垃圾精发现了，垃圾精怕他们把自己制造垃圾食品的秘密说出去，于是要把他们捉起来，但小动物们齐心合力，在小白兔的带领下，把垃圾精推进了臭水沟。通过这件事，小动物都夸小兔子是个足智多谋、真正关心朋友的好伙伴！

讲完故事之后，琪琪问道："老师，那串字符的秘密是什么啊？"教师顺势给她讲了零食常常标注的人工色素、甜味剂等添加剂的名称，并告诉她这些东西可能会给身体带来损害。

教师及家长在编故事时，要遵循一个重要原则，那就是不要把道理讲出来。故事的魅力在于它可以绕过大脑的防御系统去改变孩子的认知，而不是直接告诉孩子对错。但很多大人在讲完故事后，总喜欢加一句阐述道理的结论性总结，比如，"这个故事告诉我们不要吃垃圾食品，要吃正餐啊！"这样就又回到给孩子讲道理的怪圈。这会促发孩子大脑中的防御模式，引起孩子的反感，编排新故事又成了无用功。而且，1000 个人眼里有 1000 个哈姆雷特，不要直接告诉孩子道理，让他自己去汲取故事的养分，1 个好故事胜过 100 次讲道理！

隐喻这种方式很好用，但要注意孩子的年龄段。以动植物为主角的隐喻故事，一般对 3 ～ 6 岁的孩子比较适用，这时孩子处于"万物有灵"的思维阶段。当孩子 7 岁以后，特别建议教师及家长带孩子用体验去创造故事，这会带来更好的改变效果。

2. 创造故事，编码孩子人生剧本

作家林清玄从小就特别珍惜时间，这其实源于他读小学时遭遇的一次家庭变故，那时候最疼爱他的外祖母去世了，爸爸告诉他外祖母永远不会回来了。小小年纪的林清玄对"永远不会回来"并不能够理解。他的父亲对他说："所有时间里的事物，都永远不会回来了。你的昨天过去了，它就永远变成昨天，你再也不能回到昨天了。爸爸以前和你一样小，现在再也不能回到你这么小的童年了。有一天你会长大，你也会像外祖母一样老，有一天你度过了你的所有时间，也会像外祖母一样永远不能回来了。"这段经历和对话对林清玄的行为产生了很大的改变，从此他特别珍惜时间，看到太阳快要落山，就和太阳赛跑；用十天时间，做完一个暑假的作业；上小学三年级时，就拿五年级哥哥的作业来做。"和时间赛跑"这条准则也让他的人生受益无穷，他在文学领域笔耕不辍，创作了很多经典的散文作品。

如果把人生的旅程当作剧本，在孩子小的时候，教师及家长是可以作为"导演"去设计一些事件让孩子体验的，去编辑孩子的人生剧本。比如，我们曾给孩子们列了一份体验清单，这份清单旨在让他们形成故事化的人生体验，养成一些好的行为和习惯。

- 学会照顾他人——让孩子养一只小宠物。
- 学会珍惜生命——让孩子给逝去的小动物举办一次葬礼。
- 学会珍惜时间——带孩子制作并应用 24 枚时间币。
- 学会珍惜生活——带孩子去儿童福利院做公益。
- 学会珍惜财富——带孩子进行艰苦工作的职业体验。
- 让孩子关爱残障人士——带孩子蒙眼用餐、购物。
- 让孩子视野更加开阔——带孩子体验一次太空博物馆之旅。

　…………

这些体验，都将是孩子最宝贵的人生故事，会编码进孩子的人生剧本，给他们带来积极向上的改变。现在的孩子生活环境普遍优越而单一，一直"两点一线"地学习和生活，大人们要让孩子去体验一些人生的冷暖，生活的苦辣酸甜。但大人不要抱着急功近利的心态去带孩子进行体验，比如，有的家长带孩子体验辛苦的职业，直接让孩子比较学习和工作哪个辛苦，这种激励孩子学习的方式不持久，孩子也会因为带有惩罚性质的体验而减少对父母的信任。创造故事化体验的目的，是丰富孩子的成长体验，进而形成对生活的思考。这样的思考有助于孩子形成健全的认知，甚至可能转化为孩子的内在驱动力，成为孩子产生积极改变的重要转折点。

三、持续正面反馈，一劳永逸解决孩子行为问题

俄罗斯教育家乌申斯基认为，良好的习惯就像是一种有效的道德资本，你可以终身享受其利息，而不良的习惯则像是一笔偿还不清的债务，甚至可能让人破产。[①] 从不良行为到良好习惯，这中间需要家长做出很多正确的努力。培养习惯必须做加法，当孩子针对不良行为做出积极改变后，家长必须给予持续的强化。例如，当哪吒接受了自己是"灵珠子"这个新故事后，却因为第一次出去捉妖怪又被百姓们误解，没有得到正面的反馈，所以很快就掉入了原来的思维模式和行为模式。那么，如何实现持续的正面反馈呢？

1.给孩子视觉化的内容呈现

在新西兰的许多幼儿园里，到处都有"会说话的墙"，墙上是各种标语以及各种制作精美的海报。通过视觉化的呈现方式，这些海报达到了给孩子传递正向的成长理念的目的。我们同样可以在班级里、家庭里设置一面文化墙，如提醒孩子少吃不健康食品，养成良好的饮食习惯，教师及家长就在墙上贴上小白兔故事的图片，也可以贴上新鲜食材的图片和垃圾食品加工的图片，通过视觉的刺激，唤起孩子大脑中对新故事、新认知的重复。故事只有重复，才有力量。

---

① [俄]乌申斯基:《人是教育的对象——教育人类学初探（上）》，郑文樾译，北京，人民教育出版社，2007。

2.不断地记录孩子的正向故事

美国作家、诗人茱莉娅·卡梅伦曾指出书写故事对改变生活的重要性。她说，你可以写下你的生活，然后"写对"它，这可以帮助你纠正你的不良生活方式。[①]

最初，我们对于"写对"二字的理解并不深刻，有一次，我们看到了心理学上关于标签效应的小故事。美国心理学家招募了一批行为不良、纪律散漫的新士兵做了如下实验：让他们每人每月向家人写一封信，信的内容是关于自己在前线如何遵守纪律、听从指挥、奋勇杀敌、立功受奖的事迹。结果，半年后这些士兵发生了很大的变化，他们真的像信上所说的那样去努力了。所以，教师及家长要专门记录孩子生活中那些好的行为故事，并用这些故事去强化孩子的认知，纠正孩子的行为。[②]

故事可以塑造儿童的内心世界，每一次记录故事，都强化了孩子对自己行为的正向标签。同时，也要适当给孩子以奖赏，比如，当孩子拒绝了垃圾食品，大人可以奖励孩子吃一顿健康美味的营养正餐。比较合适的正向奖励是买书和旅行，凡是孩子改正自己的不良行为，就奖励他一本喜欢的新书或一次旅行。

总体来说，经过识别心理动机、创造新故事、持续正向强化三个阶段，孩子大部分的心理问题和负面行为就可以得到解决。有的教师及家长沟通能力特别强，觉得可以直接用语言说服孩子，但如果孩子内心深处未发生改变，那么不良行为会反复出现。语言说服如"治标"，当时可能会产生效果，但却不是长久之计；故事化体验犹如"治本"，是改变孩子内心深处的"密码"，能让孩子重新书写人生故事。

---

① ［美］朱莉娅·卡梅伦：《创意，是一笔灵魂交易 卡梅伦夫人的心灵修行课》，庄云路译，北京，中国人民大学出版社，2012。

② 阳志平、彭华军等：《积极心理学 团体活动课操作指南》，北京，机械工业出版社，2009。

第 6 节　写作故事地图——如何巧用故事板等，从零开始写作启蒙？

"我笔写我心"，这是培养孩子"妙笔生花"能力的五字秘诀。3 ~ 6 岁的孩子会有自己的情绪、感受和思考，教师和家长要做的，就是让孩子把内心的想法记录下来。儿童最初的写作，一定是从心出发的，而不是大量语法和文字的训练。现在很多教师及家长都特别重视孩子的写作能力，是因为阅读和写作的技能不仅关乎孩子上学后的语文成绩，而且会影响其他学科的成绩。关注成绩无可厚非，但切不可本末倒置，抹杀了孩子早期写作的积极性。

美国、法国、芬兰等很多国家在幼儿园阶段都开设了儿童写作启蒙课，他们特别重视儿童写作能力的启蒙。很多国内的家长可能疑惑，孩子字都不会写，怎么写作。国外的写作启蒙，更注重培养孩子表达自己的想法，哪怕是用仅会的单词，配上简单的图画，也是一个写作的过程。

100 个爱写作的孩子，可能 99 个最后都成不了作家，但是，大人还是要坚持让孩子写故事，因为这既是孩子抒发内心的想法和感受的途径，又是未来从事创意类工作不可缺少的基本功。良好的儿童写作启蒙，离不开三个阶段——观察记录、概括思考以及写作输出。（见图 2-6）

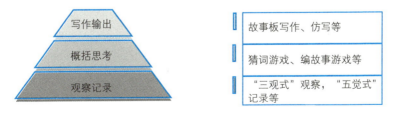

图 2-6　儿童写作启蒙的三阶段

一、培养兴趣，不做困在屋子里的写作者

罗伯特·麦基曾说，写故事之前应去开十年出租车。这句话虽有夸张之嫌，但说明了生活体验对于写作的重要性。

儿童写作，也是从体验开始；有了体验，才会有抒发感受、思考的想法，这就是培养他们动笔兴趣的关键因素。当孩子有了对生活的感触和观察，他们的写作才有灵魂。试想一下，孩子如果没有去过大海，他很难描绘出大海的模样，也很难表达出那种初见大海的兴奋。我们也常常带儿童服务站的孩子去远足、去踏青、去玩雪，带孩子进行生活体验。春天，带孩子寻找春天的味道；夏天，去触摸夏天的感觉；秋天，去欣赏秋天的颜色；冬天，去聆听冬天的声音。不要让孩子困在屋子里进行写作启蒙，要让孩子去体验生活，并给孩子一些观察和记录生活的方法。当他们对一件事特别感兴趣时，就是写作启蒙的最佳时机。下面的两种方法，可以帮助教师及家长有效地引导孩子观察和记录生活，积累写作素材。

1. 带着孩子进行"三观式"观察

教育家苏霍姆林斯基曾指出，观察对于儿童必不可少，正如阳光、空气、水分对于植物之必不可少一样。[①] 如果想让 3 ~ 6 岁的孩子开启写故事的大门，教师和家长要引导孩子去玩，让孩子有创造力地变着花样去玩。因为独特的玩法蕴含独特的视角，独特的视角带来独特的观察。

在儿童服务站，教师总是鼓励孩子们在玩法上要有创新。比如，在下雪天出去玩，教师会先让每个孩子想一个玩法。最开始他们的答案无外乎堆雪人、打雪仗，但随着不断开动脑筋，他们会想到打冰陀螺、滑雪、堆雪长城等游戏。每一次不同的游戏，会增添孩子对于冬天不同的理解。教

---

① [苏]B.A.苏霍姆林斯基：《给教师的建议》，杜殿坤译，北京，教育科学出版社，1984。

师在带孩子们玩耍后，一般会让他们围坐一圈，聊聊不同的人有什么不同的状态，或是看到了哪些独特景色以及自己的内心有哪些变化。教师和家长应该注意，在孩子描述、玩耍之前，要告诉孩子一些简单的方法，这能让孩子在描述时有更多精彩的内容。我们一般会让孩子从"观人、观景、观心"进行"三观式"观察：

- 是否发现不同人对此事的感受有差异？
- 是否从不一样的视角发现独特的景色？
- 是否发现在某一刻，自己的内心有不一样的情绪和感受？

以打雪仗为例，教师在与孩子进行"三观式"观察后，进行互动分享的环节时，有一些视角对大人的启发也特别大。从观人的角度，一个5岁的男孩说道："我发现小区的门卫叔叔不喜欢雪，他们一下雪就要铲掉雪，但我还没有玩够"；从观景的角度，有的女孩说她最喜欢树上的雪，像给树披了一件白色羽绒服；从观心的角度，孩子们描述了第一片雪花落在脸上以及第一次打雪仗时的感觉。如果教师及家长不引导孩子去观察，那么孩子就不会有什么独特的体验，也写不出有新意的故事。

2. 拍照片，尽快进行"五觉式"记录

当孩子有了体验和观察，要尽快让孩子进行记录。儿童服务站的老师和孩子们互动的时候，的确会发现有的孩子说"我不会写！"有一个最简单的方法可以破解孩子的这个问题，就让他进行"五觉式"记录。比如，孩子看到了什么？闻到了什么？摸到了什么？尝到了什么？听到了什么？"五觉式"记录就是锻炼儿童写作启蒙的基础。教师和家长也要多多给孩子拍摄玩时的照片，有时一张照片能够勾起孩子心中的波澜，让孩子写下更多独特的感受。

在记录形式上，3～6岁的孩子可以用简单的文字，甚至拿图画、贴纸记录等，最重要的是培养孩子表达的兴趣，体验写故事的乐趣。这里有一个小窍门，教师和家长要尽早教会孩子关于描述颜色、形状、味道、情绪的词，这样孩子就能更准确地描述对事物的感受。

二、 强化思考，让孩子寻找词汇、图片之间的联系

儿童写作是其对外界环境所获得的感知进行思考并输出的一个过程。当教师及家长带领孩子进行观察记录之后，还需要适当引导孩子进行概括性的思考和提炼，发现不同事物之间的联系。比如，大多数的孩子能够从"冬天"一词联想到下雪、寒冷，但能够从冬天联想到春天、冰川或冬眠的却少之又少。这是因为孩子对生活的体验比大人要少，往往缺乏从多个角度概括不同事物之间联系的能力。在儿童服务站，我们尝试通过游戏启发孩子寻找词汇与词汇、图片与图片之间的联系。

1. 猜词游戏

词汇，是写作大厦的基石所在。如果孩子的词汇量不够丰富，就会导致他们很难用准确的词语去传达一个想法、写一个故事。背诵"好词好句"是很多孩子小时候常常被要求做的事，但由此诞生的优秀写作者凤毛麟角。这其中有两个原因，一是单纯的背诵词汇特别枯燥，消耗了孩子对写作的热情，反而把写作当作负担；二是没有把词汇量的提升和使用联系到一起，孩子缺乏使用词汇的机会和场景。

词汇练习的关键在于保持其趣味性，大人可以带孩子们玩一种猜词游戏。游戏规则就是甲方看到词语后用其他语言来描述这个词，乙方通过甲方的描述猜测这个词语是什么。在儿童服务站，老师会提前制作一套词汇卡片，里面就包含常见的名词、动词和形容词。然后抽取一张卡片，带着孩子们一起做猜词游戏，以"小心"这个词为例，词汇量大的孩子可以快速的找到同义词，如"注意"等。但有的孩子会说"过马路时，妈妈总爱

说的一个词是什么？"孩子在尝试创造一个语境让对方去猜，这就是他们的厉害之处。这也是一种很好的亲子游戏，孩子在玩这类游戏时热情比较高，这类游戏可以创造语境、快速提升孩子的词汇量。同时我们也会从词汇卡片中随机抽出两个词语，让孩子们试图找出两个词语之间的联系，只要言之有理即可，这个过程非常锻炼孩子的总结和分析的能力。猜词游戏可以解决孩子写作时"茶壶里煮饺子——倒不出来"的问题，大人也能通过游戏对孩子的词汇水平做一个评估。

除了猜词，还可以猜物品。猜物品的规则类似于猜词游戏，大人通过描述一件物品的详细特征，让孩子来猜。大人最好用包含韵律的诗一般的语言去描述物品的特征，但不要直接说出这个物品。如描述床头灯，就可以用"在一家人的安睡之处，这样东西是为你带来光明的使者"。在孩子3～6岁，更多的是大人来说，让孩子猜。但当孩子的语言能力逐渐增长，就可以尝试让孩子描述大人来猜。这样有趣、优美的句子就是在强化孩子找到词汇间的联系、灵活运用词汇的能力。

2. 看图编故事

除此之外，我们还会找到绘本中的图片，让孩子来推测各个图片之间的内在逻辑，然后编成一个小故事。这对于3～6岁儿童并非是一个简单的挑战，以《三只小猪》故事为例，针对没有听过故事情节的孩子，教师可以直接让孩子针对故事绘本进行创编，儿童服务站内不到一半的孩子能够观察到"大灰狼前后表情变化"等细节，只有为数不多的孩子能够将故事的前后图片的关系描述得符合逻辑。这就需要教师及家长引导孩子理解和分析每幅图片之间的联系。比如：

· 第一幅图片中都有哪几个人物？这些人物在后面都有出现吗？

· 谁是图片中出现频率最多的人物？

· 每幅图片中人物前后情绪变化有哪些？

　　·这幅图和后一幅图的场景有什么区别？

　　·这些场景变化是自然变化还是人物造成的？

　……………

　　看图编故事的游戏因为具有一定的悬念性和趣味性，所以深受孩子们的喜爱。当孩子看图时，他们首先会观察图片上的细节变化，进而分析出每张图片之间的联系，最后编出整个故事。这个过程就是思考和创作的过程，对于提升孩子的写作能力具有重要意义。

三、静待花开，从框架式输出到仿写启蒙

　　随着孩子对生活的观察思考不断增多，同样重要的就是试着写出一个故事的动笔练习，唯有勤于动笔，才能让孩子养成书写生活、记录生活的习惯。从孩子的认知程度来看，动笔的练习可以从框架式输出开始，逐步进入到仿写的阶段。

1.巧用故事板等进行输出

　　孩子在 5 岁左右，就可以运用故事板来完整地创作一个故事。故事板包含四格：第一格，写出故事的背景及角色的状态。如下雪了，小明正在家里玩游戏。第二格，写出人物心理活动或对话。如小明想出去玩了，或者小明跟爸爸提议，能不能出去玩？第三格，写出人物之间的互动和冲突。如爸爸和小明一起堆雪人，发现缺少装饰雪人的材料。第四格，写出互动和冲突结束的状态。如小明给妈妈打电话求助，妈妈送来胡萝卜，小明用胡萝卜给雪人安了一个漂亮的鼻子。

　　故事板是很实用的写作工具，孩子灵活运用这四格就可以很好地创作故事。比如当孩子年龄较小，可以先尝试让其完成第二格，即使是 3 岁的小朋友，他们也能比较容易地表达人物内心的活动或想象。随着孩子年龄的增长，可以逐渐通过四格故事板（见图 2-7）完成整个故事的写作。

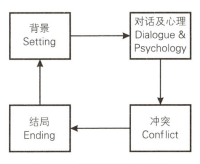

图 2-7　四格故事板样式图

除此之外，复述故事也是一种识别故事框架的练习。儿童只有在掌握了故事结构之后，才能更好地进行故事的再创造。日本当代深具影响力的女作家俵万智，小时候酷爱听故事，经常在家人的影响下听故事、讲故事。在 3 岁的某一天，她就把家里一本民间故事一字不落地复述下来，而那时她还不认识字。这些练习让她积累了大量词汇，增加了对故事结构的理解，为她成为一名优秀作家打下了基础。

大部分孩子往往缺少对故事结构的理解，复述故事的妙处在于孩子能在不经意间了解故事创作者的描述结构，并且不再发愁没东西可写，这个复述的过程在不知不觉地建立孩子内心关于不同类型故事结构的积累。通过实践和研究发现，叙述故事结构完整、顺序清楚的孩子，中文读写能力较强；叙述故事结构不完整，或时间顺序和人物事物叙述不清的，中文的读写能力较弱。学龄前儿童复述故事的能力，往往决定着孩子上学后阅读理解和写作的能力。

2. "三色笔标注法"仿写练习

对于年龄较大的儿童，仿写练习同样重要。模仿是创造的第一步，学过绘画的朋友或许听过齐白石的一首诗："青藤雪个远凡胎，缶老衰年别有才。我欲九原为走狗，三家门下转轮来。"这首诗表达的是齐白石对徐渭、朱耷、吴昌硕三位大师的敬仰，想要在三家门下轮番做门生。白石先生绘画从临摹开始，终成大师。画画从临摹开始，写作亦是如此。从模仿那些优秀的遣词造句开始，一点点地创作出精彩的故事。以儿童服务站的孩子写作过程为例，他们最早的作品是杂乱的体验记录，但教师通过引导孩子们使用"三色笔标注法"，让孩子们把杂乱、不成条理的记录转换为结构清晰的故事。

什么是"三色笔标注法"？教师及家长找出一个精彩的、孩子喜欢的故事，同时为孩子找出三种颜色的彩笔，以红色、蓝色、黄色为例。第一步，带领孩子挑出故事中哪些是描写场景细节的，用红色彩笔标注；第二步，挑出故事中哪些是描写人物心理活动或对话的，用蓝色彩笔标注；第三步，挑出故事中哪些情节是客观的事实，用黄色彩笔标注。最初的仿写，一定要挑选经典的儿童故事，让孩子通过故事了解故事创作者的布局。以绘本大师宫西达也的经典绘本故事《你看起来好像很好吃》为例，运用"三色笔标注法"进行标注。

很久，很久以前，在一个晴朗的日子里。山嘭嘭嘭地喷火，地咚咚咚地摇晃。就在这个时候，甲龙宝宝出生了。在那么大的地方就只有它自己，甲龙宝宝觉得好孤单，抽抽搭搭地哭起来，一边哭一边走……"嘿嘿嘿嘿，你看起来好像很好吃。"霸王龙滴滴答答地流着口水，它正要猛扑过去，就在这个时候……"爸爸！"甲龙宝宝一把抱住了霸王龙，"我好害怕哟！"霸王龙吓了一大跳，不由地问："你怎么知道我是你的爸爸呢？""因为你叫我的名字呀。知道我名字的，一定就是我的爸爸。"[①]

我们可以看到整个故事中事实的描述和对话、情绪描写一直是穿插进行的，并且故事开头的场景描写也为故事渲染了氛围，这都是值得孩子们在写故事时学习的。好的文章一定需要创作者对结构的把握，而三色笔标

① [日]宫西达也：《你看起来好像很好吃》，杨文译，南昌，二十一世纪出版社，2009。

注法是最快分析出作者文章结构的方式。随着孩子写作能力的提升，仿写练习可以不断地运用在不同文体上。从儿童早期写作启蒙的角度来说，早期仿写一定要从仿写故事入手，故事是孩子最容易理解的文体。如果想让孩子成为一名编剧或写作者，也应该从仿写故事开始练习。因为在注意力越来越稀缺的时代，能抓住读者吸引力的一定是故事类的作品，会写故事就掌握了写作的秘诀。

写作是一个静待花开的过程，特别是 3 ～ 6 岁儿童的写作，更是以孩子兴趣为主。一定要让孩子体验到创作的成就感，比如，大人可以把孩子的作品整合起来，设计一个好看的封面和名称，签上孩子的名字，做成一本小小故事集。没有一个孩子的文字不需要回应，教师和家长就要做他的忠实读者，给孩子真诚的反馈。当孩子的写作作品被更多人认可后，这些成就感会激励孩子创作更多的作品。教师及家长要鼓励孩子持之以恒地去记录自己的观察、情绪和思考，然后静待孩子妙笔之花的盛开。

第 7 节　逆商故事地图——如何有效提升孩子应对挫折的能力？

1997 年，保罗·史托兹曾提出过"逆商"的概念。逆商是指人面对逆境时的反应方式，即人们面对挫折、摆脱困境和超越困难的能力。国内孩子的逆商并不乐观，由于家长过分保护、孩子生活条件的逐渐优越等原因，具有"玻璃心"特质的孩子越来越多。

如果孩子从小没有进行逆商培养，在孩子长大后，教师及家长往往会陷入"想管不敢管"的境地。与此同时，社会的挑战却在逐渐加大。保罗的研究指出，1991 年开始每人每天遇到的难题数量平均为 3 个。如今这个数字变为 32 个，而且还在上升。[①] 那么，应该如何有效地培养 3～6 岁孩子的逆商呢？我们可以通过讲故事、记录故事及运用多角度分析故事等方法进行启蒙。

一、讲故事，让故事成为体验挫折的飞行模拟器

英国认知心理学家基思·奥特利提出，故事就是人类社会生活的飞行模拟器。飞行模拟器会模拟飞机遇到各种情况，同样，故事让人类了解一个充满风险的故事世界。[②] 人类在故事中体验真实世界的风险，却不用承担任何后果。那么，我们为什么不在故事中，让孩子提前了解挫折和逆境呢？给孩子分享恰当的人物故事，可以让孩子了解到人的成长并非一帆风顺，增强其耐挫能力。

孩子在年纪较小的时候，往往对父母及其他家庭成员小时候的故事充满好奇。孩子知道越多关于自己年长亲属的故事，就越容易保持良好的情绪状态。在生活中，当孩子因为做不好一件事而情绪低落、哭闹的时候，父母娓娓道来一个自己小时候受挫的故事，往往会让孩子情绪平稳，并且会充满好奇地询问父母小时候故事的细节。高质量的家族故事，会塑造孩子的内心，带动孩子的成长，影响他们对待挫折的态度。

那么，如何更好地提炼提升逆商的家族人物故事呢？可以从以下几个方面进行挖掘。

· 父母及其他长辈曾经做过哪些努力、遭遇过哪些失败，才获得某次

---

① [美]保罗·史托兹：《逆商：我们该如何应对坏事件》，石盼盼译，北京，人民大学出版社，2019。

② 转引自[美]乔纳森·歌德夏：《讲故事的动物：故事造就人类社会》，许雅淑等译，北京，中信出版社，2017。

成功的？

- 家族是否有过异地搬迁的经历？当时是如何开始新生活的？

- 父母及其他长辈小时候经历过的困难有哪些？

- 家族成员是否遇到过失业、重病等较大挫折，是否有积极应对挑战的例子？

- 父母及其他长辈是否曾经遇到过满怀希望做某事，但最后愿望落空的时候？

- 家族成员小时候生活条件如何，当时最期待的事情是什么？

- 父母及其他长辈是否曾遭遇过其他人的误解和嘲笑？

………………

当我们从这些方面去挖掘家族故事时，就会得到一部丰富的家族发展奋斗史。很多时候孩子不够耐挫，是因为孩子看不到故事或事件的全貌，只看到眼前的一部分。但是当故事拉长到人生的长度，就会让孩子理解顺利并不是生活的常态，挫折可能是前进的"垫脚石"，唯有战胜挫折才能见到风雨后的彩虹，孩子能从故事中源源不断地汲取力量。除了家族人物故事，教师及家长也可以关注孩子喜欢的明星和历史人物等，找出这些孩子关注人物背后遭遇挫折的故事。将这些起伏波折的故事分享给孩子，孩子就更能理解成长中挫折的正面意义，并且会在这些故事中找到面对挫折的钥匙。

二、每日打卡，记录"情绪故事"和"努力故事"

"激励理论"学者科非认为，当人们遇到挫折时，九成以上的人会选择五种反应——攻击、退化、压抑、固执与退却，而正向思考者的比率低于 10%。如何让孩子在遇到问题时进行正向思考呢？在儿童服务站，教师经常会在孩子遇到难题时进行打卡记录，记录其"情绪故事"和"努力故事"，发现这是培养孩子正向思维路径的好方法。其中，情绪故事指孩子遇到挫折后的情绪变化，努力故事指孩子在遇到挫折后做出了哪些努力。比如，在儿童服务站的小齐球玩得不好，那些玩得好的孩子说他球踢得不好，不带他玩，小齐一直闷闷不乐，直到别的孩子找他玩其他游戏，他才高兴起来。事后，教师带小齐进行了复盘（见表2-1）。

教师：小齐，我看刚才你们没有一起玩足球啊？

小齐：他们不带我，说我玩得不好。

教师：我觉得你只是接球接不准，但跑动速度挺快，刚才是不是不太高兴？

小齐：嗯，我想跟他们玩，我爱玩足球。

教师：那你有没有做一些努力？比如，你有没有再争取一下？

小齐：我说了，如果他们带我玩，过一会儿我让他们玩我的说话猫玩具。

教师：好像没有成功啊，哈哈，不过你能尝试说服其他小伙伴，很棒！

小齐：但是我还是接不好球。

教师：那我们能不能想一个办法，来解决接不好球的问题？

小齐：我不知道，我练不好……

教师：小齐，1岁时你可能觉得自己吃饭是不可能完成的任务，2岁时你觉得自己穿衣服是不可能完成的任务，但这些都通过你一次次练习和努力实现了。现在，你面对的是一个小挑战，只要多加练习，你一定会越来越厉害。老师现在陪你练几个？

小齐：好的！

情绪故事能够让孩子从小理解情绪，学会控制情绪是提升逆商的基础。教师及家长也需要在孩子遭受挫折时，理解他们的情绪。我们在儿童服务站记录时，也特别注意自我反省有没有因为孩子的吵闹而丧失温和而坚定的立场。同样，当记录了孩子大量日常情绪故事，慢慢地，孩子会发现，吵闹很难解决遇到的问题，教师及家长不会因为哭闹而答应他们不合理的要求，更重要的是控制情绪、解决问题。

表 2-1 情绪故事 & 努力故事打卡表

情绪故事 （详细记录整个情绪变化过程）	努力故事 （详细记录孩子做出了哪些努力）
刚开始小朋友不带小齐玩球，小齐很不开心，后来，一个小朋友来找小齐玩，小齐玩得很高兴	语言层面：小齐说，如果他们带我玩，一会儿我让他们玩我的说话猫玩具。 行动层面：小齐以后每天都会练习接球，争取越来越灵活

同时，记录努力故事是为了让孩子学会积极应对生活中的挫折，形成正向的思维模式。如何塑造孩子应对挫折的积极思维？教师及家长应该在孩子每次遇到问题时，让孩子想一想如何通过语言争取机会，以及如何通过行动增强自己的能力。进行每日打卡，孩子就会形成"遇到问题—接纳并控制情绪—积极行动解决"的思维路径。在 3 ～ 6 岁时期，孩子的思维模式，教师及家长是可以塑造的，一定不要错过影响的关键时期。

而且，一旦记录下了孩子通过努力获得成功的故事，就会催生出孩子强大的抗挫能力。通过这些故事，孩子会了解到挫折好比生活中"巧克力糖"，刚开始会有苦涩味道，但努力克服困难之后，就会获得能力提升，这也将成为生活中一段回味甘甜的记忆。孩子们会相信自己努力的力量，会获得更多的掌控感，具有更强大的耐挫能力。

三、多角度分析故事，提升孩子面对挫折的能力

每个孩子在成长过程中都会遭遇挫折，但教科书中却没有告诉我们应对的方法。《养育的选择》中写道："真正的挫折教育，不是要家长制造挫折，

而是能够和孩子一同面对挫折。"①培养逆商最关键的，还是要让孩子掌握面对挫折的良好心态和应对方法。关于培养孩子的平和心态及独立思考的能力，很多大人没有意识到故事的妙用。在孩子3～6岁时，教师及家长就可以带孩子进行多角度分析故事的练习。

1.让孩子将一个故事从正反两方面进行分析，有助于孩子养成良好的心态

培养逆商的高境界，就是让孩子感受不到逆境。孩子通常因为缺乏对事件的全面理解而将遇到的问题放大。但是经常带领孩子看到故事的正反两方面，就可以让孩子更辩证地看待问题，让孩子保持更加平和的心态。比如，孩子和朋友意见不同而争吵，可以当成说服对方、锻炼表达的挑战；孩子没有取得好成绩，可以当作发现哪些知识点没掌握牢固的机会。孩子如果能看到挫折的正面意义，就解决了问题的一半。

2.让孩子从故事中各人物角度对故事进行分析，有助于孩子找到解决问题的答案

3～6岁的孩子面对的如争抢玩具等一些常见问题，往往都可以通过多角度分析进行解决。在儿童服务站，我们对《渔夫和金鱼》进行多角度分析，让孩子分别从渔夫、老太婆、金鱼等角度进行思考。有的孩子就得出这样的结论：故事中的老太婆如果能考虑金鱼的感受，或者渔夫如果能假装找不到金鱼，就不会什么都没有了。孩子对故事的分析方法和经验会迁移到日常的事件中，比如，我们在解决孩子争抢玩具时，也会启发孩子从每个人的视角进行多角度分析：

· 和你发生冲突的孩子会怎么想？

· 对方的家长会怎么想？

---

① 陈忻:《养育的选择》，北京，中信出版社，2016。

· 班级的老师会怎么想？

· 你的爸爸妈妈会怎么想？

· 其他看到你们争抢的小朋友会怎么想？

....

孩子刚开始做这样的训练并不容易，但是慢慢地，孩子会更加理解每个人不同的处境和心理状态，这对于解决问题是大有裨益的。这样的孩子面对挫折时，能够更全面地思考问题，很多问题就会迎刃而解，孩子的抗挫折能力一定更强。

英国伊顿公学要求学生每天阅读报纸，并对新闻进行分析。相反，国内很多家长常常把一些信息屏蔽掉，让孩子"两耳不闻窗外事，一心只读圣贤书"，这其实对孩子极不负责任。孩子要根据对世界、对生活的了解，做出日常判断和选择，家长不能包办其一生。在孩子 6 岁左右，教师及家长可以拿社会热点事件让孩子进行多角度分析，不要让孩子脱离日常实际生活，待在过于"童话"的世界中。分析也是孩子锻炼思维、了解社会的一个机会。多角度分析事件及故事，是提升孩子逆商的绝佳方法。

逆商，往往决定一个孩子能走多远。留给孩子最好的财富，就是让他有面对挫折的勇气和能力。培养孩子多角度看问题的良好心态和辩证思维，是教师及家长最应该做的早期教育。

第 8 节　学习故事地图——如何运用"故事学习法"，激发孩子自主学习？

从来没有一个时代像今天这样，需要不断地、快速高效地学习。在和一些教师与家长交流的过程中，我们发现很多大人有一个误区，他们认可学习能力的重要性，但是觉得对 3～6 岁孩子培养学习能力过早了！中国有一句古话，叫"三岁看大，七岁看老"，这句话有一定的合理性。即如果孩子在 3～7 岁形成高效自主的学习习惯，的确对他们未来的成长有很大帮助。

在激发孩子高效自主学习的能力方面，有很多经过验证的学习方法，如"犹太学习法"，也被称为"面对面学习法"。这种学习法很简单，让学生两人一组，一对一互相讲授自己所学到的知识。又如"费曼学习法"，这种学习法的核心是用自己的语言来讲述学习的概念。这些方法都很好，但在实际与孩子互动过程中，却显得不够全面和细致。为此，我们在儿童服务站日常中反复实践总结而成"故事学习法"，既能得到让教师家长省心，又能激发孩子求知欲。学习有两种方式，一种是以"教育者"想教授知识为起点，让孩子去学习；另一种是以兴趣作为起点，让孩子主动学习。故事学习法以孩子感兴趣的故事为切入点，跨越学科间的界限，形成针对故事主题的知识之网。

一、运用"故事＋提问"模式，激发孩子学习兴趣

英国小说家、诗人鲁德亚德·吉卜林曾提出一个观点：如果历史是以故事的形式被教授的，那它将永远也不会被忘记。[①] 这句话其实不只适用于历史，还适用于任何孩子不感兴趣的学科。每当孩子接触一个新的领域，大人先给孩子买的不应是专业的书籍，而是用如《奇妙的数学王国》《地理的故事》等故事类书籍作为启蒙。这些故事类书籍的好处在于，它们能够激发孩子对一门学科的热爱。

---

① 转引自[英]玛格丽特·帕金：《巧用故事做培训——以故事和比喻的形式助推学习进程》，派力译，北京，中国商业出版社，2011。

很多教师及家长给孩子读完故事就算了，殊不知浪费了宝贵的学习素材和学习机会。如果孩子对这个故事感兴趣，可以采用"故事 + 提问"的模式，激发孩子对知识的深入探究。目前大部分学习方式割裂了各科目之间的联系，但是通过孩子感兴趣的故事，可以把各科目知识进行融合，更适合孩子解决生活中的问题，这才是学习的重要意义。在儿童服务站时，教师曾带孩子赏析了《三只小猪》的故事。一名合格的教育者要善于引导孩子探究更多的知识，提出更多适合孩子年龄、激发兴趣的问题。比如，教师曾提问孩子：

· 为什么大灰狼会吃小猪，而不是小猪吃大灰狼？

· 究竟多大的风能把茅草屋吹倒？

· 砖瓦的房子为什么比茅草房、木头房更坚固？

··············

孩子们通过学习，会了解到自然界中存在食物链和不同风力等级等知识。一般来说，通过一个故事发生的地点、时间、人物、道具等元素，可以挖掘出地理、历史、生物、物理等各个维度的知识，这些知识最好的启蒙不是在初中，而是从小通过"故事 + 提问"的模式进行兴趣的培养，让孩子认识到知识不是枯燥的，而是来源于生活并可以灵活运用在生活中的。

为什么一定要从故事入手？几万年的进化把人类大脑培养成用故事结构思考的器官，3 ~ 6 岁孩子尤其热爱故事，所以教师及家长一定要顺应孩子的天性和成长规律，通过故事激发其求知欲。当孩子听到或看到一个精彩故事时，他的注意力会被完全吸引，这是最为高效的学习状态之一。大人们常常抱怨孩子的专注力不够，但如果孩子很喜欢一件事时，他会比大人更全身心投入，专注地玩上好久。所以，一旦孩子对某个故事很感兴趣，一定要通过"故事 + 提问"的方式，让其了解故事背后的数学、地理、历史等知识，从一个点挖掘出知识之网。

二、角色扮演，符合"学习金字塔"的高效方式

教育学家苏霍姆林斯基说："没有什么事，比教育孩子更需要智慧了。"持续地激发孩子学习的主动性需要大人们的智慧。如果孩子在学习过程中丧失内心的主动性，就会出现教师和家长越操心，孩子成绩越上不去的情况。但相反只要孩子自己有主动性，孩子的成绩一定不会差。如何让孩子从小知道大人"靠不住"，把学习当作自己的事，我们从犹太人"面对面学习"的方法中，可以获得一些启示。大人可以进行角色扮演，扮演好"对手"和"学生"两个角色，重新唤起孩子学习的主动性。

1.扮演"对手"，跟孩子一起学

很多家长在日常生活中往往扮演着监督孩子学习的角色，这就导致了孩子认为学习是家长的任务，进而将自己定位成被监督者或者反抗者。记得在儿童服务站，有的孩子背诵古诗时不爱背作者，而孩子的奶奶一定要让孩子加上作者后重新背诵一遍。这时，孩子大声地跟奶奶喊道"我就不说作者"，然后一个人跑到其他的屋子生闷气。孩子在学习的过程中也会有情绪，如果一些条条框框消磨了他的学习热情，那孩子就会更加缺乏学习的积极性。

那么是否意味着不能对孩子的学习提出具体要求呢？当然不是，大人可以进行角色扮演，跟孩子互动挑战一起学。在督促孩子背诵古诗时可以说："咱俩比一比，看谁背得全。"轮到大人背诵时，大人不仅背作者，还会介绍作者写这首诗时遭遇的一些生活故事。这样孩子为了赢，每次都会充分准备，背得既快又全。要把大人对孩子的期待和要求，内化为挑战游戏的规则，这样孩子就不会反感。

2.扮演学生，让孩子给大人讲解知识点

美国学者爱德加·戴尔在 1946 年提出"学习金字塔"模型，指出传

统的学习记住的内容往往在 30% 以下，而"教别人"或者"马上应用"，可以记住 90% 的学习内容。儿童服务站的一位家长，本身文化水平不高，但她的孙女学习能力却特别出色。后来我们从与她交流的过程中了解到，她总是要求孩子好好听课，回来后要把知识教给她。因为老奶奶的接受能力有限，孩子只能变身为"小老师"，用最通俗易懂的语言去讲解那些知识点和原理。教是最好的学习，一方面可以激发孩子学习的积极主动性，另一方面也符合大脑的学习模式。

根据埃里克森的人格发展八阶段理论，在 3 ～ 6 岁这一时期，如果幼儿表现出的主动探究行为受到鼓励，幼儿就会形成学习主动性，这为他将来成为一个有责任感、有创造力的人奠定了基础。如果嘲笑或者压制幼儿，那么幼儿就会逐渐失去自信心。[①] 无论是互相挑战，还是让孩子教你，都可以激发孩子的主动性。

教育孩子，犹如海上行船。的确，大人要和孩子行驶同一艘船到达彼岸。最初，教师和家长要带孩子设计路线图，学习抵御风浪的本领。但如果想让孩子更快地成长，就要让孩子当船长，将帆船驾驶到达彼岸。学习的过程也是这样，最终要让孩子自己掌控"学习之船"。

三、记录学习故事，持续激发学习内驱力

生活中有一个有趣的现象，大部分孩子在 3 岁前都是最优秀的学习者，他们自己克服困难，学会了说话和走路这些复杂技能。但是随着年龄增长，只有为数不多的孩子依然能像小时候那样热爱学习、主动克服学习中的困难。

为什么在孩子学习成长中会发生这样的转变？因为在孩子刚学会说话

---

① ［英］M.W. 艾森克、M.T. 基恩：《认知心理学》，高定国等译，上海，华东师范大学出版社，2004。

和走路时，他们获得的是家长最真诚的赞美。但是当孩子学习认字、学习加减乘除后，如果他们的速度比其他孩子慢，这种赞美逐渐被替代为家长的焦虑。等到上学考试之后，如果孩子成绩不理想，往往得到的只会是教师和家长的批评。

让孩子有成就感，比好的成绩更重要。在学习过程中收获的成就感，会激发孩子不断深入地学习。当涵涵第一次能够把《唐诗三百首》背到第5页的时候，我们就给她记录了下来。很多时候，家长不能没事就抽查和检验孩子是否记住了知识点，但是记录孩子的学习故事，就可以成为检验的契机。大人会不时地翻起涵涵的学习故事，对她说："你这《唐诗三百首》都背到第5页了？比大人都厉害了？来，抽查一段啊！"孩子往往对这种说法很受用，甚至到了后来，孩子都会主动让大人念她的学习故事，念到关于她学会识别中国地图、会背《唐诗三百首》等故事时，她总要跟父母再展示一遍。这个过程就是强化她对学习内容的记忆。有时家里会播放一些诗词或是英语的音频，我们好几次都看到涵涵全神贯注地听唐诗的音频，这个过程可能就是她自己在努力学习的时刻。但是，如果家长成为监督者，要求孩子好好背，告诉她下周要检查唐诗的背诵情况，孩子就不会心甘情愿地去学习。同样一件事，不同的做法会得到不一样的效果。在儿童服务站，教师也经常思考如何持续地激发孩子的内驱力。记录学习故事会激发孩子的学习内驱力，强制要求只会增加孩子对学习的厌烦。

还有一类故事需要详细记录，就是孩子运用知识解决了某个问题，或是做出了某件作品。当孩子学习完某学科的知识点，可以让孩子产出一个作品。比如，学完加减乘除，可以让孩子拿着钱独立去买一次菜，通过算账锻炼孩子运用的能力；学完地理，可以让孩子做一张旅行的手绘地图。这些通过知识解决实际问题的故事，会让孩子觉得学习真的很有用。很多大人会觉得这是浪费时间，但这个过程会让孩子获得学习的成就感。如果让孩子单纯地教别人，那么他的成就感可能就是一次。但是如果记录下这个故事，这个故事就可以持续地激发孩子的成就感。

如果想让孩子变得优秀，一定要激发孩子学习的主动性。故事学习法，特别适合对孩子进行初期的学习启蒙。通过故事激发孩子的兴趣，通过角色扮演，让孩子享受学习的乐趣，并且记录这些闪光的学习故事，当孩子持续获得学习的"成就感"，形成自我学习的习惯，大人就可以逐渐放手，让孩子成为"学习之船"的船长。

第 9 节　职业故事地图——如何做好人工智能时代的职业规划？

咨询机构麦肯锡曾做过一个预测，到 2030 年，全球可能有 8 亿个工作岗位将随着自动化而消失。有专家估计，在中国，截至 2037 年，约40% 的就业岗位将会受到人工智能的影响。[①] 站在时代变化的浪潮之中，下面这些问题是值得每一位教师和家长去思考的。

问题 1：面对未来的变化，哪些岗位可能会被留下来？

问题 2：什么是孩子未来急需的能力？

问题 3：怎样让孩子去锻炼适应未来的能力？

BBC 基于剑桥大学研究者的数据，分析出未来最容易被取代的行业，前 10 名分别为电话推销员、打字员、保险业务员、银行职员、接线员、客服、房地产经纪人、保安、工人（清洁工、司机等）、厨师。

---

① 搜狐网:《人工智能将给人类岗位带来什么影响》，https://www.sohu.com/a/211010900_353595，2021-07-25。

这些职业有什么特点？标准化程度高，重复性比较强，这些正是人工智能的长处。但人工智能在某些学习领域中表现很糟糕，特别是一些缺乏固定规则的领域。因此，人工智能时代的职业规划要走两条路。第一条路是从事人工智能相关学科，如负责为机器编程、机器人检修等工作；第二条路是避开人工智能的擅长领域，让孩子从事创意性、复杂战略性或需同理心、人性化工作。

表 2-2　故事力相关职业

序号	职业种类	具体工作	是否与故事力相关
1	创意性工作	艺术家、编剧、小说家、品牌营销	是
2	灵敏性工作	口腔外科医生、飞机机械师	否
3	复杂战略性工作	谈判专家、培训师、演讲设计师	是
4	需适应未知环境的工作	地质勘探、野外考古	否
5	需同理心、人性化的工作	社工、婚姻咨询师、心理疗愈师	是

一、故事力，被家长低估的未来职业竞争能力

2019 年，《福布斯》发布一篇文章，讲述故事力对于未来职业发展的促进作用。从事复合型工作的商界精英和从事创意类的编剧们早就发现了故事的作用，惠普很早就在公司内培训员工讲故事的能力，IBM 更是请来好莱坞编剧担任讲师，来学习好莱坞讲故事的经验。[①]

讲故事成为培养领导力的重要方式，因为领导力的本质就是说服、影响别人的能力。一项发表在《自然-通讯》上的研究曾指出"讲故事"能力对人类社会发展的重要性。阿格塔人是菲律宾最古老的居民，如今依旧

---

① [美]罗伯特·麦基、托马斯·格雷斯：《故事经济学》，陶曚译，天津，天津人民出版社，2018。

保持着狩猎采集的社会形态，是人类祖先生活的缩影。研究人员通过对这些居民进行分析和研究，让他们选出最想与之生活的人。结果显示，会讲故事的人被提名的概率两倍于没有任何技能的人——几乎与直系亲属和亲密朋友的被提名率相当，同时也远高于具有其他技能的人①。看来，在阿格塔人的眼中，讲得一手好故事是一项十分受欢迎的能力，善讲故事者拥有超高的人气，往往会成为部落的领导者。其实，即使在现代社会，有调查显示，故事类信息依然占我们日常沟通内容的 65%。具有良好故事力的孩子和成人，往往都具有良好的社交关系和影响力，进而转化为在职业发展上的优势。

很多研究和实验证明，儿童讲故事的能力是一项极其重要且复杂的技能。

美国社会语言学家威廉·拉波夫（William Labov）等人认为，说故事需要：

（1）启动记忆系统的相关经验；

（2）选择适当的词汇；

（3）把词汇按照语法规则结合在一起形成句子；

（4）考虑述说内容的组织结构，有条不紊地安排讲述的内容；

（5）关注听者的感受和反应，对故事的节奏进行调整。②

很多家长对故事力的理解误区是因为幼儿园、学校举办的"讲故事大赛"带来的刻板印象。我们曾作为评委参加过儿童讲故事大赛，观察到一个有趣的现象，很多家长在候场时让孩子一遍遍地练表情、背稿子，把"讲

---

① Daniel Smith, "Anthropology: the Benefits of Good Stories," *Nature Communications*, 2017.

② Labov, W., Waletzky & J., Narrative Analysis, "Oral Versions of Personal-experience," in *Essays on the Verbal and Visual Arts*, Seattle, University of Washington Press, 1967.

故事"大赛变成了"背故事"大赛。这其实是讲故事能力的较低水平，甚至不能称之为故事力，因为这体现的仅仅是背故事的记忆力。

那么，该如何做故事力的启蒙，助力孩子未来的职业发展呢？重要的是把握住故事力情感性和创意性的内核，这些是未来从事相关行业的基础。

二、从零开始，做好复合型、创意类、关怀类职业启蒙

1.复合型职业，需要运用故事演讲力

无论哪个行业，会演讲都能起到锦上添花的作用。但对于培训师等复合型职业来说，故事演讲力却是基本功。

这类职业往往需要处理协调复杂的关系，用语言去说服、影响别人。而这正是好故事的魅力，好故事拥有挑起人们强烈情绪的能力，有了情绪就有了做某件事的能量。有一句话说得非常好，如果你想造船，先不要雇人收集木头，也不要给他们分配任何任务，而是去激发人们对海洋的向往。如果你想激发人们对海洋的向往，先给他们讲个关于海洋的故事。

如何提高我们的故事演讲力？讲故事的方法比故事本身重要得多。

几万年的进化把人类大脑培养成用故事结构思考的器官。[①] 好的表达者能持续抓住大脑注意力，人的大脑分为左脑和右脑，科学家发现，左右脑各有自己侧重的功能。其中右脑对图像细节较为敏感，刺激了右脑的信息更容易被听众记住。我们要培养视觉化的表达习惯，在叙述故事的过程中要尽量具有画面感。同时多用比喻、拟人修辞手法，让听者的右脑兴奋起来。这个日常的练习比较简单，定期举办"讲故事"大赛。最初，我们要给孩子几天甚至一周时间去找素材、准备分享稿，但是随着孩子越来越熟练，就要增加挑战性，比如，提前1小时告诉孩子题目，让孩子快速准

---

① [美]吉姆·西诺雷利:《认同感:用故事包装事实的艺术》，刘巍巍等译，北京，九州出版社，2016。

备演讲稿。目前我们在儿童服务站给孩子设置的终极挑战是现场随便说 3
个词语，让孩子根据 3 个词语的逻辑关系提炼出主题，即兴来一篇故事型
演讲。这个过程中，孩子会充分调动他的逻辑思维和想象力，同时，这样
的练习也有助于孩子把平时所看、所思的故事素材和故事创意联系在一起。
这就是复合型职业的必修课，根据各种随机而来的问题，给出言之有物、
言之有理、言之有情的即兴演讲。

在此，我特别建议教师及家长看看《乔布斯的魔力演讲》《TED 演讲
的秘密》等书籍，去了解关于故事的基础技巧。比如：

　·一个完整的故事包含哪些元素？

　·故事型演讲包含哪些结构？

　·如何在表达中呈现画面感？

　…………

教师及家长对故事与演讲技巧的了解有助于孩子表达水平的快速提
升。大人平时要有意识地让孩子运用故事元素聊天，每当孩子在话语中设
置悬念、制造场景时，就要毫不吝啬地大加赞扬！只有用心地对待孩子每
一个语言方面的突破，才能让孩子不断运用技巧，把技巧内化成习惯。要
通过不断地练习，来培养孩子即兴表达、生动表达的能力，这也是未来一
位复合型领导者所应当具备的基本素质。

2. 关怀类职业，需要运用故事察觉力

随着社会分工的细化和职场压力的增加，关怀疏导类工作将成为主流
职业之一。心理咨询师、社会工作者等这类工作既需要良好的沟通技巧，
又需要察觉力和共情力。从事这类职业的人要敏锐察觉到服务对象自身及
环境的变化，以便更好地为其服务，同时还需要共情和理解服务对象行为
背后的心理动机。

在儿童服务站，教师经常带孩子做故事角色扮演的练习，旨在增强孩

子对人物的共情能力。在扮演的过程中，教师会从人物关系、情绪状态、心理动机等方面对孩子进行引导：

· 你喜欢故事中哪些人物？不喜欢哪些人物？

· 人物的哪个行为或语言导致了你喜欢或不喜欢？

· 故事中人与人之间的关系是否有矛盾？

· 哪个人物在故事中起到主导作用？

· 主人公有没有更好的解决问题的方法？

· 针对主人公的行为，每个人是支持还是反对？

· 面对不喜欢的人物，请分析他行为的合理之处。

比如，在《宝莲灯》故事中，孩子们因为代入了沉香的角色，所以不喜欢二郎神这个角色，觉得他冷酷无情。但是经过故事角色扮演和教师的引导，孩子已经能够理解二郎神要维护天庭的规矩、自身的职责，他也有很多无奈之处。这其实就是儿童识别和理解人物背后心理动机的过程，同时共情能力也得到提升。

敏锐的观察力往往是经过后天训练而形成的，教师及家长可以从小提高孩子对环境变化的察觉力。3～6岁儿童很喜欢玩"猜东西"的游戏，这是一种随时随地可以玩的故事力游戏。比如，在房间内，大人可以让孩子先闭上眼睛，把某样东西藏起来，然后让孩子仔细观察，寻找消失的物品。如果孩子没有观察出来，就让孩子针对这项东西进行提问，如"这个东西是什么形状？这个东西是吃的吗？"直到孩子得出准确答案。如果在户外，大人可以直接告诉孩子："在视线范围内，我看到了一样东西，你猜猜这样东西是什么？"直到孩子通过不断提问得出答案。整个"观察—猜测—提问"的过程，就是对孩子观察力和表达力的启蒙培养。经过长期的训练，孩子的故事察觉力会大幅提升，这对于其将来从事关怀类、疏导类的工作有很大的帮助。

3.创意类职业，需要运用故事创编力

金牌编剧、综艺剪辑师、游戏策划师等创意类职业，都需要具有良好的故事创编能力。近些年的新兴职业综艺节目剪辑师的工作内容，就是要从繁杂的拍摄素材中提炼出一条故事主线，将剪辑内容以"有趣的故事"形式呈现给观众，编撰故事的能力广泛地应用在各种类型的创意类职业中。所以，在日常的生活中，教师及家长可以试着让孩子接触"戏剧教育"，去写故事剧本，去演故事剧。"戏剧教育"概念源自英国，英国著名戏剧教育家布赖恩·威提出：戏剧首先是一种促进孩子全面发展的重要手段，戏剧教育开发每一个人的能力。在和儿童服务站孩子互动过程中，我们发现在孩子创编剧本时，会更容易走进角色，激发他们的艺术创造力，这些都能为他们将来从事创意类工作打下良好基础。

在日常生活中，家长还有一个特别头疼的现象，就是孩子常常不知节制地看动画片和网络视频。与其一味限制孩子，不如适当引导。当我们把看影片与编剧本相结合，完全可以把这当作摸索故事规律的尝试，让孩子找出故事中激发情感的情节。在儿童服务站，教师就以带孩子看《灰姑娘》动画片为契机，开始对故事规律的摸索。

孩子：老师，我们想看一会儿动画片，可以吗？

师：可以啊，不过还是老规矩，看完之后会有提问，问题回答好了，才可以继续看。

孩子：好的好的！

（教师播放《灰姑娘》动画片）

师：好了，先看到这，我问大家刚才看到哪个地方你们最紧张？

孩子：看到灰姑娘和王子共舞，忘记了时间！

师：为什么会紧张呢？

孩子：灰姑娘再不回去，到了 12 点魔法就要消失了。

师：那这对我们平时编故事有什么启发呢？

孩子：（思考）我们可以给主人公设置一个时间限制，来增加故事的紧张感。

师：对，刚才这个紧张感提得非常好，在故事里，这个技巧叫作制造悬念。

教师及家长可以提前设定规则，孩子可以看故事影片，但是在观影后，一定要回答一些关于故事规律的问题，比如，为什么《大圣归来》中大圣变身的片段会让你感动？《哪吒之魔童降世》影片中哪一段设计得最有悬念？为什么《疯狂动物城》主人公的生活背景要如此设定？大人要把每一次看故事影片当作契机，让孩子进行思考，这个故事为什么这么吸引人。

通过不断地拆解，孩子了解故事的基本规律，创编故事的能力也大幅提升，这对未来他们从事编剧、游戏策划师等行业都有很大帮助，因为这些行业的本质都是运用故事原理设计产品（游戏或电影），让用户得到最大化的情感体验。而且当孩子了解了故事的规律，就不容易被网络视频所误导。他会了解到这样的情节、人物设置就是为了刺激观众的情感，能够更加理性地看待影视作品。

2005 年，美国著名商业思想家丹尼尔·平克首次在《全新思维：决胜未来的 6 大能力》一书中提出故事力概念。平克说：人类进入"右脑"时代，拥有故事力等 6 大全新思维能力才能决胜于未来。[①] 的确，随着人工智能时代的来临，复合型、关怀类、创意类这些职业将更加主流化。我们常常看到一些大人对于孩子职业规划的迷茫，试图从小用各种兴趣班填满孩子的休息时间，但其实只要日常的每一天，做好故事力的相关练习，就掌握

① ［美］丹尼尔·平克：《全新思维：决胜未来的 6 大能力》，高芳译，杭州，浙江人民出版社，2013。

了赢在未来职业发展的超能力！

思考

问题 1：除了本章提到的 9 大领域，故事力还可以应用在儿童教育的哪些领域？

问题 2：你发现哪些职业的核心是故事力？

第3章

ADAS 故事力模型，锻炼孩子的九种思维能力

> 讲故事是人类交流中最自然的一种形式。理解和创造故事的能力对在这个纷杂的世界成功地生存有重要意义。
>
> ——罗伯特·麦基
>
> （美国国家图书奖获得者）

Story-telling.

2019 年夏天，我曾去一个幼儿园考察，看到孩子们在操场上做游戏，就饶有兴趣地坐了下来。有几个孩子在彩色轮胎附近玩耍，其中一个小女孩拿的一个小熊掉进了彩色轮胎底部。小女孩说："看！小熊有危险了，被压在了车轮山底下！"另外两个小男孩也围了过来，其中一个说："咱们救小熊吧！"另一个说："我看能不能给山钻个洞！"边说边拿出身边长条的积木，想把两个轮胎的缝隙钻开，但是努力了半天，轮胎也没有动，小女孩回身正好看到我，说："大力士叔叔，能帮我把轮胎移开吗？"我笑着答应了，然后问小女孩为什么想到找叔叔帮忙。

原来，小女孩看过《愚公移山》的故事，她知道最后两座大山是被天神给移走的。我让她讲讲《愚公移山》这个故事，于是小女孩就开心地讲了起来。在倾听的过程中，我能感受到她清晰的逻辑和丰富的词汇量。

故事是孩子天生的语言，很多孩子都喜爱与他人分享身边的故事、书中的故事。只不过在过分注重逻辑培养的情况下，很多孩子被压制了这项"原始的能力"。当给孩子以合适的方法，给他们合适的土壤，他们就会开出美丽的故事力之花。

在培养孩子成为故事力高手的道路上，我们根据 3 ～ 6 岁孩子的成长特点，创建了 ADAS 故事力模型，旨在给孩子的一份故事力培养的路线图，系统性地提升儿童故事力。ADAS 故事力模型可以分为四个阶段，分别是积累（Accumulate）、拆解（Dismantle）、联想（Associate）、思辨（Speculate）。首先，让孩子积累大量故事，这是培养故事力的基础；其次，让孩子练习拆解故事，不断深化孩子对故事结构和叙事的理解；再次，让孩子做故事联想启蒙，学会续编故事和创编故事；最后，让孩子做故事思辨性启蒙，针对一个故事分析出若干个观点。要让孩子拥有高阶的故事力，了解故事的秘密，就一定要做好积累、拆解、联想、思辨这一套"组合拳"，熟练运用 ADAS 故事力模型（见图 3-1）。

图 3-1　ADAS 故事力模型

第 1 节　积累（Accumulate）——收集"珍珠"攒起来，从阅读和生活中积累故事素材

美国华裔女孩邹奇奇在 8 岁时出版 12 万字故事集《飞扬的手指》轰动了全美，该书记录着她创作的故事和诗歌。有媒体人评价：奇奇的作品让人眼前一亮，甚至会怀疑如此有才华的作品是否真的出自一个孩子之手！

2010 年，13 岁的邹奇奇也受邀在 TED 进行题为《大人能从小孩身上学到什么？》的分享，整篇演讲无论从内容的思辨性还是从语言的生动性来看，都是上乘之作。短短 8 分钟内，运用了 7 次故事案例，获得了全场 13 次掌声和欢笑声。

当我们惊叹之余，更要看到她在积累故事方面所做的努力。邹奇奇从 3 岁开始阅读故事书，她说："如果没有新书在手，我会坐立不安；如果没有写作，我会感到无聊。阅读及写作令生活变得精彩！"持之以恒的阅读是她能够写出一本故事集、分享精彩演讲的关键。

为什么要做积累故事启蒙？

首先，积累故事能有效地促进孩子的智力发展。

教育家苏霍姆林斯基曾说：30 年的经验让我深信，学生的智力发展水平取决于良好的阅读能力。[①]生活中那些从小爱阅读、爱看故事的孩子，往往智力发育优于同龄人，而且也更容易养成热爱阅读、终身学习的好习惯。对于 3～6 岁儿童来说，哪类书籍最适合呢？根据孩子的思维特点，故事类绘本是早期阅读、积累故事的最佳选择。3～6 岁孩子大脑发育正处于具体形象思维这一阶段，会表现出分不清现实和想象的情况。儿童脑科学专家魏坤琳说，故事更容易被大脑接受和记忆。这就像扔一把盐在水里，很快就会溶化。而如果是一颗石子，即使浸入水中，也很难被同化吸收。故事充满想象力，拟人化的情节正好符合儿童天性，故事对于孩子的大脑，就相当于盐与水。教师及家长一定要顺应孩子的这种思维特质，让孩子进行广泛的故事绘本阅读。

其次，积累故事能提升孩子观察生活中变化的能力。

积累故事不只是积累书本中的故事，还有生活中的故事。孩子只有善于观察，才能发现生活中的细微变化。《物种起源》的作者、进化论的奠基人达尔文曾说过："我既没有突出的理解力，也没有过人的机智。只是在观察那些稍纵即逝的事物并对其进行精细观察的能力上，我可能在众人之上。"让孩子拥有超出常人的观察力，就仿佛让孩子得到了打开奇妙世界的"钥匙"。

最后，积累故事是培养儿童故事力中最关键、最基础的步骤。

儿童故事力的提升不是无源之水、无米之炊。孩子仿佛一张白纸，必须积累丰富的故事素材，才有可能像邹奇奇一样写出优秀的故事作品。不

---

① ［苏］B.A.苏霍姆林斯基：《给教师的建议》，杜殿坤译，北京，教育科学出版社，1984。

管是讲故事还是写故事，都需要孩子对已经积累故事材料进行二次加工。积累的过程好比盖房子中的打地基，当积累得越多、基础越牢靠，儿童就越容易习得故事力这项能力。积累环节是提升故事力的第一步，只有攒好足够多的"故事珍珠"，最终才能串成一条美丽的"故事项链"。

怎样让孩子系统地积累故事呢？可以从阅读积累、词汇积累和观察积累三个方面入手（见图3-2）。

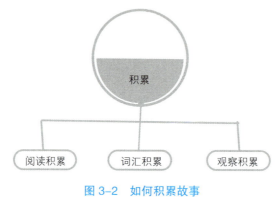

图 3-2   如何积累故事

一、阅读积累，让阅读变成"悦读"

孩提时代，书架里《小红帽与大灰狼》《舒克和贝塔》《哪吒闹海》等经典童话故事参与构建了我们最初的精神世界，让我们童年的生活变得五彩斑斓。阅读与不阅读，能带来两种不同的人生认知。阅读，让孩子的世界有春风，有彩虹，有高山，有流水，他们的内在变得充盈丰富，通过体验不同的故事，活出几倍于他人的人生。在儿童服务站及家庭的实践中，我们总结了很多培养儿童阅读故事绘本习惯的具体方法，比如，设立读书角、经常带孩子去书店等。但故事绘本选择、儿童心态培养、外在环境塑造三个方面，是让孩子养成良好阅读故事习惯的关键点。

1.给故事绘本做个"全面体检"

在孩子 3～6 岁时，很多家庭会买一大堆的启蒙绘本。但如果孩子对启蒙绘本缺乏兴趣，就会出现孩子随手翻翻就扔在一旁的现象。只有适合的故事绘本，才会让孩子逐渐对故事产生了兴趣，阅读的时间也会逐渐增加。如何判断孩子看的故事绘本适不适合？可以从以下三个方面进行"全面体检"。

首先，要看绘本是否符合孩子对故事的认知程度。孩子 2 岁时，一般建议看和孩子的生活环境匹配的简单故事；3～4 岁，可以看一些包含重复性段落的小故事；5～6 岁，可以看情节更为曲折的童话、神话和历史故事等，逐步增加故事的难度。曾和一位家长聊过一件事，他们家 2 岁的孩子总是在晚上起来上厕所时说："妈妈，我看到小女孩了。"这样的对话持续了几个晚上，孩子的爸爸妈妈都很紧张。后来，父母在详细地跟孩子聊后，才知道她每一次联想的都是《卖火柴的小女孩》中的小女孩。在孩子还不能很好地区分现实和故事的场景时，不要过早给孩子看不适合其年龄的故事。现在网络上有好多根据年龄区分的故事绘本，这就是很好的借鉴标准。家长一定要珍惜孩子读故事的热情，让孩子在阅读过程中获得成就感，不要硬让孩子读那些读起来很费劲、超出认知能力的故事。

其次，要观察孩子的兴趣点在哪里。兴趣是孩子阅读故事的"永动机"，要时刻关注孩子的兴趣点。比如，很多孩子对恐龙情有独钟，觉得恐龙这种大个头的动物特别神奇，在这个阶段就要多给孩子买一些这个类型的故事绘本，如《恐龙大陆》《你看起来好像很好吃》等以恐龙为主角的故事绘本，孩子看书的劲头一定不用家长操心。孩子的注意力是极其宝贵的，顺应孩子的兴趣，才能更好地激发孩子阅读的热情。

最后，要看故事绘本是否是经典作品。加拿大儿童文学理论家佩里·诺德曼在《阅读儿童文学的乐趣》中曾说，一本图画书至少包含着三个故事：一个是文字讲述的故事，一个是图画暗示的故事，还有一个是文字与图画相结合而产生的故事。[①] 经典故事绘本正验证了佩里·诺德曼的这句话，孩子在阅读故事的过程中会感受到很多"小彩蛋"，每一次读，都对故事产生不同的领悟和理解。比如，《母鸡萝丝去散步》是一本深受世界各国小朋友喜欢的经典故事绘本。这个故事绘本，教师曾给儿童服务站 4 岁的小朋友西西讲过，4 岁时的西西很喜欢里面的图画，她会觉得狐狸是坏蛋，狐狸一直没有得逞，孩子就很开心。但西西长大到 5 岁，从这个故事中又看到了新的问题，如狐狸是坏蛋吗？母鸡萝丝应该怎样保护自己？经典的故事绘本的优势是值得孩子反复进行品味，并且针对故事力启蒙来说，除了积累阶段，后面还有拆解、联想等环节，如果不是很好的故事，很难进行接下来的儿童故事力启蒙。

我们可以通过绘本领域的一些奖项来选择经典的故事绘本，如国际儿童绘本权威奖项：美国的凯迪克金奖，英国凯特·格林纳威奖，国际安徒生童话大师大奖，东方风格的有丰子恺儿童图画书奖、日本绘本大奖等。曾经获得过这些大奖或者公认的绘本名家作品，是经过时间检验的，里面的内容也是经过创作者精雕细琢的。

2.让儿童阅读成为"悦读"

只有把阅读变成一件快乐的事，孩子才会主动地拿起故事书。我在和一位幼儿园的教师交流过程中，她说自己曾观察到这样的现象，有的家长本末倒置，当孩子好好去看故事书，就开始奖励好吃的、玩具等。这样的激励往往有副作用，改变了孩子对于阅读本身就是奖励的认知。那么，我们如何让阅读成为"悦读"？

---

① [加] 佩里·诺德曼、梅维丝·雷默：《阅读儿童文学的乐趣》，陈中美译，上海，少年儿童出版社，2008。

首先，让阅读和答疑解惑相连。如果孩子正处于"十万个为什么"的阶段，时常去问一些奇奇怪怪的问题，那么这正是培养孩子阅读的关键时期。教师及家长可以利用孩子旺盛的求知欲，让他们从对应的书籍中寻找答案。比如，很多孩子在 3 岁时对电话十分好奇，他们不理解为什么会在电话里听到爸爸妈妈的声音。这时，家长就可以购买一些关于人物传记类的故事书，如讲述发明电话的《贝尔的故事》，而且可以顺便带孩子看看"发明大王"爱迪生的故事，让孩子了解电灯是如何发明的。随时利用答疑解惑的机会来培养孩子阅读的兴趣，让孩子形成从阅读中寻找答案的习惯。

其次，让阅读和奖励相连。阅读本身就应该是一种奖励，是孩子拓展视野、愉悦身心的一件事。教师及家长不应逼迫孩子去阅读。作为家长，我们可以时常给孩子买一些好的故事类书籍，作为他们的奖励。比如，当我们忙了一个星期，可以选择去一个环境特别棒的书店，跟孩子说，"我们放松一下吧"，让孩子觉得阅读是一种奖赏，而不是惩罚和逼迫。随着孩子长大，更不要将阅读与考试相连，千万不要功利化阅读，不断地考孩子问题或者批评孩子阅读方式不对。阅读就是给心灵放个假，当孩子在阅读上取得了进步时，都要给他积极的赞赏。

最后，让阅读和展示相连。每个孩子都有天生的表达欲，都需要展示的机会。涵涵在 2 岁多时，语言到了一个爆发阶段。这个阶段，无论是开车出去玩还是在家里，我们都积极给她创造讲故事的机会。涵涵会把她看到的书籍上的故事分享出来，虽然讲得不流利，也没有完全按照故事绘本内容表达，我们也会流露出兴奋和期待的眼神，和她互动。涵涵明显对于我们这些忠实的听众很满意，每次看完新故事，就会跑过来讲，而且，她为了讲好故事，看书的专注时间比之前也有增加。阅读不能急功近利，不断地输出才能倒逼优质的输入。教师和家长要成为孩子分享故事的听众，不断地让孩子展示阅读故事的成果，这有助于孩子形成故事化表达的能力。

3.营造良好的阅读氛围

美国弗吉尼亚大学心理学教授丹尼尔·威林厄姆是研究儿童阅读领域的专家，他在《让孩子爱上阅读》一书中表达了一个重要观点，即如果只能说一个让孩子爱上阅读的方法，那一定是从家长做起，营造家庭阅读氛围。[①] 如果想培养孩子阅读兴趣和习惯，应该为他布置一个专属阅读角。阅读角会给孩子带来一种满足感和温馨感，通过环境的改变，来吸引孩子阅读，增加孩子阅读的时间和频次，培养孩子的阅读习惯。在阅读的过程中，大人也要以身作则进行阅读。在幼儿时期，教师及家长对孩子的影响力是巨大的，如果大人平时总是玩手机，不以身作则地阅读，那么孩子喜欢上阅读的概率微乎其微。家长一定要抽出宝贵时间，陪孩子进行亲子阅读，呢喃低语的睡前时光，都会成为你和孩子最美好的回忆。这样有温度的共读，会让孩子更加喜欢。

二、词汇积累，与亲子沟通方式息息相关

英国著名语言学家 D.A.Wilkins 曾经说过，没有语法，能表达的内容很少，没有词汇则什么也表达不了。要培养儿童故事力，一定不能轻视词汇的积累。每个词语的表现力是不一样的，那些讲故事或日常表达较好的孩子，会选择准确并具有表现力的词语。孩子除了在日常故事阅读中积累词汇，更重要的是家长要发挥作用，增加孩子的词汇量。怎么提升孩子的词汇应用水平呢？

1.家长要高频次、多使用不同的词语与孩子沟通

美国堪萨斯大学的两名儿童心理学家托德·莱斯利和贝蒂·哈特，对

---

① ［美］丹尼尔·威林厄姆：《让孩子爱上阅读》，张庆宗译，上海，华东师范大学出版社，2019。

42 个来自不同社会和经济背景的家庭进行研究。他们从孩子 9 个月开始，一直追踪研究到了 3 岁，记录了这些家庭长达数百个小时大人与孩子的互动情况，结果发现了亲子沟通对孩子智商发育的影响。在 3 岁时表现最好的孩子，往往是那些父母接受过高等教育，来自较好家庭背景的，他们平均每小时接收 2153 个单词，这些家庭每小时的亲子对话最高可达 250 次；而来自靠领取社会救济生活的家庭的孩子，平均每小时只接收 616 个单词，这些家庭每小时的亲子对话最低只有 50 次。多年的持续追踪发现，亲子对话多、接收词汇量大的孩子，表达能力和学习成绩更好。这些词汇量和沟通频率的差别，在日积月累中形成难以跨越的鸿沟。①

根据"教养风格理论"可知，通常来说教养风格有三种类型：一是权威型，二是放任型，三是民主型。通过对儿童服务站孩子的观察，民主型的家长对于孩子语言发展具有更好的促进作用。比如，很多孩子在小时候不爱吃正餐，权威型家长一般会强行要求孩子吃，不会做过多的解释；放任型家长一般会在孩子拒绝吃正餐后，生气地说"不吃拉倒，没人管你"，然后放任孩子不吃饭；民主型家长一般会详细地跟孩子解释，会说"不吃正餐就容易抵抗力差，身体就会生病，那么宝宝就不能出去玩了"。这样的沟通方式，无形中就会让孩子多接触很多词汇，有利于孩子词汇的积累。父母是孩子语言启蒙最关键的老师，日常的沟通对孩子都有潜移默化的影响。运用丰富的词汇和孩子交流，即使孩子没有回应，长时间的熏陶带来的改变也是巨大的。"民主型"沟通方式将为孩子积累丰富的语言词汇，而词汇的积累正是讲出好故事的关键。

2. 坚持阅读，在阅读中积累词汇

在美国许多图书馆的童书区能看到"1000 Books Before Kindergarten"（上

---

① ［英］达娜萨斯金德等：《父母的语言：3000 万词汇塑造更强大的学习型大脑》，任忆译，北京，机械工业出版社，2017。

幼儿园之前读完 1000 本书）的图标，如果孩子每天能够坚持阅读 1 本儿童故事书籍，一年就能接触到 1 万到 2 万个词语。在阅读过程中，让孩子以享受阅读乐趣为主，不用特意去教孩子词汇，但一定要意识到文字和词汇对于阅读能力的重要性。我们日常沟通通常是比较口语化的表达，在阅读时，孩子会看到书面化的语言，这些对于丰富词汇、提升故事力都有帮助。

涵涵在 3 岁左右时，总是因为自己认出了某个汉字和数字而感到高兴。这是一个让孩子去识字的契机，我们把当时书中她认识的"大""小""不""我"等字都用彩色笔做上了标记，她看到一本书中被涂上的字越来越多，很有成就感。同时也会不停地说，某个没涂上颜色的字叫什么。当她认为自己能把这个字记住，就迫不及待地找出彩笔，把书中所有同样的字涂上颜色，不知不觉中，就已经能够阅读简单的小故事了，这种成就感激发着她认识了更多的字。

同样，当孩子看到某个词汇不理解主动发问时，这也是积累词汇的一个契机，教师及家长可以顺便告诉他一些相近或相反的词语。

比如，有一次在儿童服务站，教师在带领小朋友读《青蛙王子》的故事时，念到"在青蛙快要落地的瞬间"时，发生了下面的对话。

孩子：老师，什么是瞬间啊？

师：瞬间就是一眨眼的时间，你把眼睛闭上再马上睁开，这就是一瞬间，形容时间特别短。我们还可以用"一刹那"来替代这个词，都是同样的意思，可以试着用这个词说一句你想说的话。

孩子：嗯……我喜欢妈妈不是一瞬间。

师：特别棒，你又学习了一个新词，回家后可以对妈妈说出这句话。

这段对话也验证了本书中提到的家长要多陪孩子读故事的原因，在读的过程中，这个过程使亲子关系进一步加深，而且孩子对语言的敏感性和创造力，也能让家长感到惊奇。同时教师及家长可以在讲故事时，给孩子普及一些相近的词语，这也是拓展孩子词汇量的一种方式。阅读和词汇是相互促进的关系，孩子读得越多，词汇量越大。词汇是语言的基础，孩子接触到的词汇越多，他们的表达就越丰富、越生动。

3. 根据阅读故事内容，做择词游戏

一般来说，当孩子 3～4 岁，喜欢反复重复某些词汇的时候，孩子就到了学习词汇的一个敏感期。教师及家长可以通过有趣的方式去和孩子探讨不同的词汇，比如，我们在故事中看到新的动词和形容词，就可以把这个动词和形容词拿出来，带孩子做择词游戏。一项针对 4～5 岁儿童词汇练习的研究发现，与完全按照教学大纲进行的语言学习相比，引入游戏元素（如过家家、针对目标单词设计的小游戏等），儿童所掌握的词汇量及熟练程度显著增加。[①] 因此，针对故事中词汇的积累，我们可以设计一些趣味性的游戏。

以《匹诺曹的故事》为例，里面有这样一句话"老伯伯没有孩子，生活非常寂寞"。针对"寂寞"这个词，我们一起找出来一些词语，如"落寞、宁静、热闹、孤立"等做成卡片，把卡片横列成一排。在读故事的过程中，教师及家长可以让孩子以"跳格子"等游戏的方式选择准确的词汇。在这个过程中，孩子不仅了解了词语的区别，而且增加了词汇量。有时为了增加游戏的趣味性，教师及家长还会设置"反向操作"，即告诉孩子这次要跳到所选词的反义词，如原本应选择"寂寞"，这次就应该跳到"热闹"的词汇卡片。

那么，可不可以直接积累词语，不从故事中选取呢？可以，但不建议。

---

① M. Han, C. Vukelich, N. Moore, "Does Play Make a Difference? How Play Intervention Affects the Vocabulary Learning of At-risk Pre-schoolers," American Journal of Play, 2010(3): 82-105.

词语的使用是在具体的生活场景中，同样，词语的记忆最好也有场景，这样孩子才不容易忘记。教师及家长将"跳格子"与择词相结合，让孩子在运动的过程中进一步加深对大脑的刺激，更容易把词语记牢。

三、观察积累，从生活中寻找故事源泉

巴甫洛夫曾对学生说过："应当先学会观察，观察。不学会观察，你就永远当不了科学家。"这句话也适用于故事力的培养，不会观察的孩子永远成不了小小故事家。孩子应该学会观察生活，从生活中寻找故事素材，同时举一反三，寻找生活故事与阅读故事之间的联系，将同一类型的故事记录在"故事银行"。

1.引导孩子学会观察生活

教师及家长需要引导孩子观察生活，并且做好日常生活故事的记录。在国外的一些幼儿园，会专门设置"What did you do yesterday？"的讲述时间，让孩子在每天的入园前，讲一讲昨天发生了哪些有趣的、新鲜的事情。家长也可以在家庭内设置每天的"今日复述"时间，让孩子入睡前说一说在幼儿园发生的事情，掌握其在幼儿园生活的动态。刚开始，孩子往往不知道怎样回答，教师及家长提问的方式就要更加具体，比如：

·今天都遇到谁了？/和谁一起玩了？

·你早晨吃了哪些不一样的食物？

·今天从故事书里看到了哪些景色和人物？

·············

越是具体的提问，孩子越能把他观察到的东西和你分享。孩子的视角是独特的，他眼中的世界和大人是不同的。坚持让孩子观察、回忆每天遇到的事情，对孩子的观察力、表达力和记忆力都有提升。通过这样的每日提问和复述，孩子能够学会观察总结每天的生活，快速地发现生活场景中

一些细微的变化。

2.打通阅读和生活故事之间的联系

我们在和教师及家长的交流中得到了这样的反馈：孩子喜欢看故事类书籍，但讲生活中的故事还是不够生动；积累了不少故事，运用时却总是忘记。在日常生活中，如何让孩子做到"活学活用"？

要做到融会贯通，就要打通书本故事和生活故事间的联系。在儿童服务站，我们经常让孩子在看完一个故事之后，寻找同类型的故事，并且分享出来，用一个新故事激发出旧故事。

例如，当孩子看完某一个故事，就可以运用以下方式启发孩子。

· 听完这个故事，你觉得主人公做得对不对？

· 回想一下你看过的书，有没有相似的故事？

· 有没有说明相反道理的故事？

· 生活中有没有遇到类似的故事？

以《狼来了》故事为例，对孩子进行启发。当孩子看完故事后说，小男孩一直撒谎，所以就没有人相信他了。接着教师让他们回想一下看到过的故事，如果在家里，还可以让孩子查找一下他的故事银行，看有没有同样的故事。之后，小朋友们想到了《匹诺曹的故事》。接着教师又问："在你看过的故事中，有没有通过撒谎还获得了很好结果的故事呢？"有的小朋友想起了小白兔骗大灰狼；有的小朋友想到了狐假虎威，狐狸骗过了老虎，保住了性命。最后，可以让孩子们分享他们曾经撒谎的故事，或者生活中遇到别人撒谎的故事，通过这一系列的启发，就可以把旧知识和新知识相连，加深对故事的运用和记忆，而且还培养了孩子明辨是非的能力，有利于处理以后生活中的现实问题。

故事放在书本上，永远不是你的故事。

这种不断的启发，即对生活中故事素材的提取和运用，是增强儿童故事力的重要方法。对故事思考越多，孩子记住的就越多，将来能够熟练使用这个故事的概率就越大，也能在生活中活学活用，不会成为把书读死的书呆子。

3.建立孩子的"故事银行"

故事银行，就是把孩子生活中遇到的故事分类存储记录起来。当孩子还小的时候，如果不能说出来或写出来，大人可以通过图画形式帮助孩子记录故事，人类的文字也是从远古时代的象形文字逐步发展到现在的文字的。但是孩子4～5岁，要逐渐消除孩子依靠图画记录日常故事的习惯，防止降低其对文字的敏感性和理解能力。记录故事的过程中，大人可协助孩子做好故事的分类工作。

建立故事银行时要具备分类的思维，将故事按类别分开，这样孩子更容易记住对应的故事。儿童的故事银行通常可以分成五类"账户"，分别是解决问题类、人际交往类、自我发展类、兴趣爱好类和日常情绪类。

（1）解决问题类：日常生活中孩子解决了某个问题，或故事中的主人公通过思维的转换、新颖的方法解决了故事中的难题，这样的故事可以锻炼孩子思维的灵活性。代表性故事：《司马光砸缸》《曹冲称象》等。

（2）人际交往类：日常生活中孩子的人际交往故事，或故事中主人公在与他人相处中赢得好人缘及遭遇困境的案例。代表性故事：《狼来了》《渔夫和金鱼》等。

（3）自我发展类：此类故事旨在了解如何实现自我的价值，吸取优点，避免缺点，获得个人的发展。代表性故事：《花木兰》《井底之蛙》等。

（4）兴趣爱好类：每个孩子都有自己独特的关注点，比如，孩子喜欢汽车，那就可以让他自己收集汽车类的故事，当他能讲出很多汽车的发展史，他也就成了一名小小的"汽车专家"。

（5）日常情绪类：孩子的喜怒哀乐，都值得被记录。要培养孩子记录情绪的敏感性，记录下因为得不到心仪的"赛车模型"而苦恼的故事，记录下恶作剧成功哈哈大笑的故事。看看过去的一周，哪些事情让孩子的情绪波动，把那时的感受、经历的场景都写在纸上。

随着孩子不断长大，可以让孩子根据兴趣开新的故事账户，比如，孩子对记录家庭里的趣事感兴趣，那就可以开设一个"亲情故事账户"。让孩子给故事分类，也是在培养孩子的逻辑力，加深对故事的记忆。

可能有教师及家长会质疑这个故事银行的作用，但是等孩子需要运用故事去说服影响别人、写作表达的时候，这些故事就是最宝贵的财富。每天收集一个故事相当于在故事银行攒一元钱，但是，如果某天在某次谈判、公开演讲和寻求帮助的关键场合用上时，这个故事发挥的作用可不止一元钱，这会是孩子一项回报率最大的投资。身教胜于言传，如果教师及家长可以陪孩子一起记录积累故事，孩子能够更好地坚持积累故事。

这个故事银行不仅存储着闪闪发光的好故事，而且记录着孩子成长的美好时光，其实稍加修整，还可以成为孩子的第一部作品集。经济能力稍好的家长甚至可以将其印刷出来，当孩子看到以他名字署名的作品制作成书籍时，会不断激发记录故事的热情，创作出更加独一无二的作品。

孔子曰："少成若天性，习惯如自然。"

当孩子养成了积累故事的习惯，能够从阅读故事、生活故事和故事词汇三个层面进行积累，就可以积累充足的故事素材，建立起专属的故事银行。

积累故事启蒙

一、给孩子创造机会，分享故事银行中的故事

很多大人会感叹，感觉孩子积累了很多故事，却看不到他们在日常生活场景中运用。即使孩子想起了某个故事，也是三言两语就讲完，把故事讲得干巴巴的。其实这就是因为孩子讲故事的机会太少。积累故事的目的在于运用，所以教师及家长要创造机会让孩子分享故事银行里的故事，如早餐前的分享时光、睡觉前的亲子时间、外出旅行的路上、幼儿园的讲故事大赛等。不断地创造机会，让孩子分享故事，这样他收集分类的故事才不会忘掉。

二、多角度思考，注重积累故事的应用场景

在儿童服务站，我们常常建议孩子在积累故事时，认真思考这个故事可以用在哪？以《狼来了》为例，故事既可以应用在劝说别人不可撒谎的场景，又可应用在劝说他人"凡事可再一再二，不可再三再四"。孩子思考的角度不如大人多，但教师及家长可以充分地启发引导孩子，让孩子多角度进行思考。

三、以日期为切入点，破解积累故事的难题

很多大人觉得每天收集一个故事太困难，不知道该如何找到故事。这里有一个特别简单易用的方法，每天搜索此日期发生的大事件和诞生的历史人物，然后记录其背后发生的故事。这些故事有助于孩子的故事积累，还能在小朋友们的日常交往中起到重要的作用。这些故事会变成"社交货币"，让小朋友变得见多识广，在社交中获得教师和其他孩子的欣赏。

本周打卡

姓名：＿＿＿＿＿＿＿＿＿＿　　日期：＿＿＿＿＿＿＿＿＿＿

积累故事

＿＿＿＿＿＿＿＿＿＿＿＿＿＿＿＿＿＿＿＿＿＿＿＿＿＿＿
＿＿＿＿＿＿＿＿＿＿＿＿＿＿＿＿＿＿＿＿＿＿＿＿＿＿＿
＿＿＿＿＿＿＿＿＿＿＿＿＿＿＿＿＿＿＿＿＿＿＿＿＿＿＿
＿＿＿＿＿＿＿＿＿＿＿＿＿＿＿＿＿＿＿＿＿＿＿＿＿＿＿
＿＿＿＿＿＿＿＿＿＿＿＿＿＿＿＿＿＿＿＿＿＿＿＿＿＿＿
＿＿＿＿＿＿＿＿＿＿＿＿＿＿＿＿＿＿＿＿＿＿＿＿＿＿＿

故事类别

根据你设定的故事银行账户，填写该故事所属类别，比如人际交往类、兴趣爱好类等（可给故事设定多个类别标签）。

联想到其他故事

生活中遇到的类似故事	生活中遇到的相反故事	书本上遇到的类似故事	书本上遇到的相反故事

第2节　拆解（Dismantle）——"庖丁解牛"拆起来，学会拆解故事脉络、元素和叙事技巧

儿童服务站曾举办一次"故事大赛"，孩子们分享的都是曾经看过或听过的故事。在比赛过程中，我们发现孩子们复述故事的能力有很大差别。有的孩子讲得真是特别精彩，不光能运用自己的语言进行复述，而且逻辑清晰、细节丰富。但有的孩子给人的感觉是在"背故事"，复述的过程中还丢失了很多关键的情节。"故事大赛"结束后，我们看到一位妈妈生气地对孩子说："看看那个孩子故事讲得多好，你什么时候能像人家一样？"

当孩子的母亲说出这样话时，恐怕孩子复述故事的兴趣会越来越小。很多教师及家长不知道，孩子故事复述得不好，情节叙述得丢三落四，可能是缺乏故事拆解的启蒙。记得《庄子·养生主》里曾记载"庖丁解牛"的故事，这名叫丁的厨师已经目无全牛，看到的都是牛的肌理脉络。孩子在不断拆解故事的过程中，也能对故事产生"庖丁解牛"般的理解。如果能够长期坚持拆解故事，孩子也会摸清故事的规律，得到"世界上没有新故事"的感悟，故事脉络熟记于心，进而复述出精彩的故事。

为什么要做故事拆解启蒙？

首先，它能提升孩子语言逻辑性。

孩子语言成熟的一个关键指标就是语言逻辑性。逻辑性好比"风筝的引线"，可以让孩子条理清晰地表达，不至于漫无目的、天马行空。但三四岁的孩子在讲故事时，往往缺乏逻辑性，常常关注于自己喜爱的细节或者对话。通过对故事的拆解，让孩子知道故事里的因果关系和时间关系，

准确理解和使用条理性语言，加快孩子语言的成熟度，对语言逻辑性的提升有很大帮助。

其次，它能让孩子了解故事的基本叙事规律。

一次，豆豆爸爸的抱怨引发了大人的共鸣。他说，豆豆太爱看动画片了，怎么办？每次不让他看就会大哭，但让他看太多动画片，既对眼睛不好，又浪费时间。其实，这是很多家庭的普遍现象，随着孩子的逐渐成长，他会有关注的动画片和其他影视作品。堵不如疏，与其一味地限制，不如给孩子规定观看时间，并让孩子在看完之后，分析故事的规律。比如，动画片《狮子王》是基于《哈姆雷特》创作的，这两个故事的结构完全相同，这些关于故事的知识都可以在孩子欣赏动画片时与其交流探讨。不能只让孩子看动画片，还要让孩子摸清故事的叙事规律，通过拆解故事，了解故事的起承转合，破译故事的秘密和规律。

最后，让孩子更全面地理解故事，进而精彩地复述故事。

1956 年，美国教育心理学家本杰明·布鲁姆把思维能力由低到高分为以下六个阶段——记忆、理解、应用、分析、评估和创造（见图 3-3）。其中理解阶段，就要求学习者运用自己的语言，将所学东西复述总结出来。教育部颁布的幼儿园教育纲领性文件《3—6 岁儿童学习与发展指南》，在其"语言"领域提出了"能大体讲出所听故事的主要内容"的要求，这充分说明了"复述"对于孩子语言发展的意义。

很多孩子单纯靠死记硬背复述故事，这属于思维能力中的最低阶段——记忆阶段。但当孩子在看完故事后，对故事进行系统拆解，就会达到思维能力中的第二阶段——理解阶段。而且，如果不进行对故事的拆解，很多时候大人和孩子会对同一个故事出现认知偏差。记得有一次，我带领孩子们拆解《狐假虎威》的故事，在拆解时，有的孩子就觉得这只狐狸很聪明，老虎想要吃狐狸是错的，狐狸只是想办法活命。大人的认知总是受

图 3-3　布鲁姆思维能力模型

到一些观点的禁锢，觉得狐狸是狡猾的，把老虎骗了。但孩子的认知和大人是不同的，他们会有一些新的角度。所以，在拆解故事过程中，教师及家长可以和孩子探讨彼此对故事的看法，让孩子更全面地理解故事，进而精彩地复述故事。

如何开展故事力拆解启蒙？故事无论长短，我们都可以从三个维度来拆解，分别是拆解故事脉络、拆解故事元素、拆解叙事技巧（见图 3-4）。

图 3-4　故事力拆解层级

首先，拆解故事的整体脉络，包含故事发展的时间脉络和情感脉络。通过拆解，让孩子对故事的整体有所了解，这是孩子能够复述故事的基础。其次，拆解故事中基本元素，包含故事的人物、场景和冲突三元素，进一步加强孩子对故事的理解。最后，拆解故事的叙事技巧。叙事技巧指为了增加故事效果和感染力，创作者采用的一些技巧和手法。从这三个层面对故事进行系统拆解，好比给故事拍了一张 X 光片，能让孩子更清晰地理解整个故事。

一、拆脉络，3 岁孩子也可复述故事

孩子的思维和认知的发展是有阶段性的，在 3 ～ 6 岁时，儿童倾听能力的发展优于表达能力，而且记忆能力比较弱，4 岁以后的孩子才开始能记住较为抽象的事物。所以孩子即使能听懂故事，也不一定能记住故事，更不用说复述出故事。美国著名阅读研究和推广专家、《朗读手册》系列作者吉姆·崔利斯曾提到，就像成人不可能在一夜之间记住所有新邻居和新同事的名字一样，孩子也需要反复温习才能达到记忆的效果。[①] 每次针对故事的拆解，也是一个温习的过程，让孩子更容易知道故事的发展顺序，能够强化孩子对故事的记忆。一般来说，在拆解故事脉络时，可以从两条线入手。

1.拆解故事发展的时间脉络

在孩子 3 ～ 4 岁时，就开始对早、晚、昨天、今天、明天等时间概念的认识进一步深化，这是拆解故事时间脉络的合适时期。拆解故事的时间脉络，能帮助孩子建立故事发展时间顺序的概念，让孩子了解事情是按照一定的顺序发展的。一般来说，针对 3 岁左右的孩子，故事可以简单拆解为开始、中间、结尾三个阶段。以《龟兔赛跑》为例，只要孩子能够说出故事的开始是乌龟和兔子赛跑，故事的结尾是乌龟赢了，并简单叙述一下故事的中间环节，就达到了复述故事的基本要求。但随着孩子理解能力增强，可以进一步细化故事发展的时间脉络，把故事拆解成"故事开始—问题来了—如何解决—故事结尾"四个部分，让孩子学会识别故事中主人公出现问题的时刻，以及如何解决问题。在儿童服务站，我们曾带领孩子对《宝莲灯》故事进行拆解，发现 5 岁左右的孩子可以较好地识别故事中出现问

---

① [美]吉姆·崔利斯:《朗读手册：大声为孩子读书吧》，沙永玲等译，海口，南海出版社，2009。

题的时刻，但是不能很好地使用逻辑连词。教师及家长也要帮助孩子了解表示顺序的词组短语，如首先、接着、然后、最后等词语，有利于促进孩子把故事复述得有条有理。

2.拆解故事的情绪脉络

为什么要带孩子拆解故事主人公的情绪脉络？在 3 ～ 6 岁时，孩子的情绪认知是最重要的认知能力之一。孩子很容易感知到情绪，但故事中情绪类词语是相对较为抽象的词语，并不容易理解，这对孩子理解和复述故事产生了一定的障碍。情绪脉络的拆解一般在时间脉络之后，当孩子理清了故事每个阶段的时间变化，在此基础上再去分析人物的情绪。在拆解故事情绪线时，如果孩子不理解抽象的情绪词汇，可以用这些情绪词汇去联系孩子生活中的场景。比如，涵涵小时候并不能很好地理解故事中"遗憾"这种复杂情绪。大人就通过和她分享生活中的小故事，来促进她的理解。比如，涵涵特别喜欢佩奇玩泥坑时穿的雨靴，我们一起去商场买雨靴时，她看上了一款蓝色雨靴，特别漂亮，后来我们决定先在各家转一转，回来再买，但是当转一圈回来后，发现那双蓝雨靴被买走了！于是我们就通过这件事来阐述"遗憾"这种情绪。

父：涵涵，你还记不记得买蓝雨靴这件事？

涵涵：记得记得。

父：当时你什么感觉？

涵涵：不开心，难过。

父：你有没有想如果当时我们一下就买了该有多好，这种感觉就叫遗憾。

这种新知识和过往经验的连接，有利于孩子对故事的理解和记忆。如果孩子对情绪名词了解特别少，建议教师及家长制作沮丧、害羞、高兴、恐惧等不同情绪词汇卡片，帮助孩子识别故事中体现的情绪。拆解情绪脉络还有一个好处，孩子会慢慢发现故事的秘密。好的故事，总是让读者的情绪上下起伏，这样孩子就慢慢了解了在创编故事时如何设置故事中的情绪线。

下面我们就选取列夫·托尔斯泰的一个小故事作为案例，拆解一下时间脉络和情绪脉络。

托尔斯泰：《李子核》

妈妈买来李子，放在盘子里，打算吃完饭后分给大家吃。

瓦尼亚从来没有吃过李子。他不停地围着李子打转转，一会儿去闻闻，一会儿去摸摸，很想马上拿一个尝尝。

瓦尼亚黑溜溜的眼珠往四周转了一下，看看没人注意他，就踮起脚尖，抓起一个李子，飞快地塞进嘴里。

吃完饭后，妈妈一看李子，少了一个，就问孩子们："你们吃了李子吗？"

大家说："没有。"

瓦尼亚脸红得像熟透的大番茄，也说："没有，我没有吃。"

妈妈看了看瓦尼亚，说："谁吃了李子，这倒不要紧。可李子有核，谁要是把核吞下去了，以后肚子里会长出小树的。"

瓦尼亚听了妈妈的话，吓得脸色发白。他摇晃着两只小手，结结巴巴地说："没有，我把核扔到窗子外面去了。"

一家人都笑了。

（1）时间脉络拆解。

故事开始：妈妈买来李子。

遇到问题：瓦尼亚没吃过，很想尝一尝。

解决方法：偷偷吃了一个。

遇到问题：妈妈看李子少了一个，问谁吃了？

解决方法：瓦尼亚跟随大家，也说他没吃。

遇到问题：妈妈说，吃了李子核，肚子里会长出小树。

解决方法：瓦尼亚说他把核扔到窗外了。

故事结尾：一家人都笑了。

这个故事里的主人公遇到了多个问题，属于较为复杂的故事。如果孩子比较小，可以选取比这个更简单的故事，或者截取片段进行拆解。当孩子理解力足够以后，可以像抽丝剥茧一样，把整个故事的时间脉络拆解出来。

（2）情绪脉络拆解。

故事开始：妈妈买来李子。

遇到问题：瓦尼亚没吃过，很想尝一尝。（期待）

解决方法：偷偷吃了一个。（忐忑）

遇到问题：妈妈看李子少了一个，问谁吃了。

解决方法：瓦尼亚跟随大家，也说他没吃。（涨红了脸：羞愧）

遇到问题：妈妈说，吃了李子核，肚子里会长出小树。

解决方法：瓦尼亚说他把核扔到窗外了。（脸都发白了：害怕）

故事结尾：一家人都笑了。

在时间脉络的基础上，问一问孩子故事主人公每个阶段的感受，并且问一问，孩子的生活中有没有过同样的感受。这种方式可以进一步唤起孩子对角色的情感共鸣，同时通过拆解情绪，孩子会了解到主人公的情绪是丰富变化的，这可为其未来创作故事打下基础。

二、拆元素，实现儿童思维力的 6 级跃迁

语言学家诺姆·乔姆斯基曾说：人类的语言都具有基本结构的相似性

和普遍的公式。①世界各地的故事都有根深蒂固的模式。以故事元素为例，所有的故事都是由人物（Characters）、场景（Scenes）、冲突（Conflicts）构成，这就是故事的三要素。持之以恒地做故事元素的拆解启蒙，引导孩子了解故事的元素和因果关系，孩子会形成比较固定的思维模式，对故事形成一定的敏感性，进而在今后能更好地复述故事，甚至创作故事。

1.拆解故事三元素之人物

每个孩子从小看过的童话故事、动画片数不胜数，他们从故事中获得了快乐，增长了知识，也认识了许多新朋友。有的时候，孩子们甚至忘记了《西游记》中九九八十一难的情节，忘记了舒克和贝塔打败海盗的故事情节，但是孙悟空、舒克和贝塔等鲜活的人物却刻在了脑海里。故事中的人物为什么如此吸引人呢？教师及家长应该如何带孩子对故事人物元素进行拆解呢？一般来说，可以从外形、本领、性格三方面进行分析。

首先，带孩子一起分析人物的外形。童话故事中的人物形象一般比较夸张，这样的角色更符合孩子们的好奇心。比如，白雪公主身边的七个小矮人，身材矮小，还没有白雪公主一半高，长着大大的鼻子，每个人都穿着不同颜色的鲜艳的衣服；如《西游记》中的二郎神，是故事中唯一有着三只眼睛的神仙，总是穿着一身铠甲。这些故事中的经典人物，之所以让大家印象深刻，是因为他们的外形有与众不同的地方，这就是创造精彩人物的基础。

其次，是不是只要外形不同，我们就可以创造让人忘不掉的故事人物呢？

如果西游记中的孙悟空不会筋斗云、七十二变，那它和花果山的其他小猴子还有什么区别？如果机器猫没有神奇的口袋，没有时光机等千奇百

---

① [美]诺姆·乔姆斯基:《句法结构》，黄长著等译，北京，中国社会科学出版社，1979。

怪的东西帮助主人大雄，那它就不会那么吸引孩子。这些神奇的本领给它们身上施加了光环，让孩子们觉得这些动画人物很厉害。所以，拆解人物还要分析人物有哪些神奇的本领。这些神奇的本领实现了孩子拥有超能力的幻想，这是故事人物得到孩子们喜欢的原因之一。

最后，除了人物的外形和本领，还要重点分析一下故事人物的性格。

童话故事中人物的性格千姿百态，机智的黑猫警长、善良的白雪公主、乐于助人的舒克、贝塔，还有西游记里嫉恶如仇的孙悟空以及好吃懒做的猪八戒，每个人物的性格都生动有趣，所有性格都是通过故事里的细节来呈现的。正是那些生动的性格才让我们觉得，他们好像离我们很近很近。如果说是与众不同的外形、神奇的本领能够吸引读者的眼球的话，那么鲜明独特的性格则让童话人物走进了孩子的心里。

在儿童服务站，为了让孩子更理解故事中人物的性格，我们常用以下问题与孩子进行探讨：

· 故事中人物有哪些语言及对话？

· 故事中人物有哪些心理感受和行为？

· 故事中人物有哪些情绪的变化？

· 其他故事或生活中有没有类似性格的人物？

· 这样的性格在生活中有哪些优点和缺点呢？

如果一个故事中角色很多，可以在拆解人物之前，问问孩子喜欢故事中哪一个角色，然后把人物画出来，进行以上几步的分析。不一定要把故事中每个人物都做人物拆解，但至少要让孩子对一个人物进行全面的拆解，让他掌握拆解的具体方法。掌握方法后要勤于应用，随着孩子拆解的人物越来越多，可以尝试让他创作一个性格丰富、令读者喜欢的故事人物。

2.拆解故事三元素之场景

童话故事中包含不同类型的场景，有的场景温馨可爱，贴近孩子的童趣；有的场景离奇荒诞，可以满足孩子的幻想。一般来说，故事场景具有确定故事基调、推动故事发展等作用。在儿童服务站，教师在给孩子们讲《渔夫和金鱼》时，曾不断引导孩子对场景进行拆解，目的是让孩子们了解场景描写的意义。如果教师及家长缺少引导孩子对场景进行分析的步骤，以 3～6 岁的孩子认知水平来说，很难发现故事中场景的作用。

师：这个故事发生在哪里？

孩子：海边。

师：这个故事为什么会发生在海边？

（孩子沉思不作声）

师：如果故事发生在森林，这个老爷爷还会不会遇到后面的事情？

孩子：不会，老爷爷不会遇到金鱼。

师：太棒了，那老爷爷几次向金鱼提要求，故事里的环境有了哪些变化？

孩子：（拿起故事书）刚开始大海微微起着波澜，之后大海昏暗阴沉，最后是大海在怒吼，波涛翻滚。

师：你读这个故事时生不生气，有没有觉得老太婆过分？

孩子：刚开始还行，后来觉得金鱼不应该满足她。

师：那你觉得金鱼会不会生气？

孩子：会，最后金鱼什么都没给她。

师：所以大海的这个变化，也是金鱼情绪的变化。

教师通过对孩子的引导，让孩子了解场景描写的作用和意义。教师及家长带领孩子拆解故事场景时，可以从以下两点入手：一是找出所有关于场景的描写。比如，故事发生的地点，在森林还是大海？故事发生的时间，是白天还是黑夜？故事发生时的天气，是晴天还是雨天？如果和孩子阅读的是绘本故事，还可以让孩子细致观察绘本中每个场景中的细节，比如，图中都开了哪些花？后一页图画中的雨滴是不是比前一页变小了？那些优秀的绘本中，往往藏着创作者的精巧构思，不仅可以锻炼孩子观察能力，而且能让孩子看到文字之外的很多场景细节。二是分析场景的变化。有一些故事会通过场景的变化推动故事的发展，有一些故事会通过场景的变化表达角色的情绪。除了通过提问引导孩子观察故事场景，在孩子较小时，大人可以采用"你说我画"的游戏化方式，让孩子对场景进行细致有序的观察。从孩子3岁起，就可以让孩子讲述他看到绘本中的故事场景，教师及家长可拿起画笔进行绘画，然后将绘画作品和绘本中图片进行对比，看一看是否有遗漏细节，孩子不断观察和描述过程中，会逐渐领悟创作者对设置场景的用意。当深入理解创作者设置的故事场景后，孩子会更加了解故事场景的作用和意义。

3.拆解故事三元素之冲突

在儿童服务站，曾经有小朋友提问："动画片里为什么一定要有好人和坏人？"的确，童话故事里都是正面的角色或都是反面的角色的情况很少见，其实这是制造冲突的需要。以《西游记》为例，如果唐僧师徒四人在取经的路上，没有碰到一个妖怪，师徒四人也从不吵架，一路顺顺利利取到真经，这样的故事就不精彩了。冲突是推动故事发展的关键因素。甚至可以说，没有冲突，就没有精彩的故事。

如何对故事的冲突进行拆解？

首先，让孩子找出故事中的每一个冲突。皮克斯的动画片为什么很精彩？就是故事的主人公会遇到一个又一个冲突，并且这些冲突是以主人公最珍贵的东西为代价的，如梦想、亲情等，这些冲突往往会贯穿整个故事。好看的故事都不止一个冲突，主人公解决了一个冲突，又会出现新的冲突。当孩子能够把故事中的冲突全部找出来时，基本就理顺了故事里的因果逻辑关系。

其次，对这些冲突进行分类。故事中的冲突基本可以分为由物品引发的冲突、人物之间的冲突和内心引发的冲突三种类型。以《渔夫和金鱼》为例，首先，金鱼的出现就是物品引发的冲突。如果没有金鱼，整个故事就不会发生。其次，是人物之间的冲突。故事里每次老爷爷回去，老太婆都跟他吵、责骂他，这就是老爷爷和老太婆之间产生了冲突。最后，在故事里，老爷爷的内心也有冲突。老爷爷虽然每次去和金鱼提要求，但是老爷爷并不愿意去，这是因为老爷爷比较善良。但老太婆无理取闹乱发脾气，吵得他不得安宁，所以他无奈地来找金鱼。当孩子把冲突分完类，教师及家长还可以带孩子分析解决冲突的不同方法。比如，当老太婆吵着让老爷爷去找金鱼时，老爷爷可不可以换种方式解决这个冲突？这种开放式的问题，锻炼的是孩子的发散思维，也是在为孩子解决日常问题提供思维路径。

当孩子在 6 岁左右，还可以让孩子找出故事中最主要的冲突，这样也锻炼了孩子抓住事物主要矛盾的能力，对于孩子的成长是大有益处的。很多孩子在复述较长的故事时，会出现前后主题不一致等现象，究其原因，就是孩子对故事中最核心冲突把握的能力不够。当孩子能够系统拆解故事中的冲突时，就理解了故事中的"因果关系"，发现了事件之间的联系，进而能更好地复述故事。

以下是我们带领孩子拆解故事三要素的一个基本框架，供教师及家长们借鉴。

人物：

（1）故事中的人物都有谁？

（2）主人公有什么特点，导致你喜欢或不喜欢？

（3）主人公前后有什么变化？

…………

场景：

（1）这个故事发生在哪里？

（2）能不能给故事换一个场景？

（3）为什么作者会把故事场景设置在这儿？

（4）故事中的场景有没有变化？

…………

冲突：

（1）这个故事都有哪些冲突？

（2）故事的冲突分几种类型？

（3）你觉得主人公解决冲突的方法对不对？

（4）故事中最主要的冲突是什么？

…………

这些是常用的一些问题框架，教师及家长在提问时应遵循从具体到抽象、从简单向复杂过渡的原则。教师及家长应该先从故事中的细节等记忆类、理解类问题入手，再去启发孩子回答一些分析类和评估类等难度较大的问题。总之，当经过故事三要素的拆解，孩子对故事理解程度会进一步加深，之后就可以灵活地运用自己的语言复述故事。

三、拆叙事，建立孩子内心的"故事图景"

故事的奇妙之处在于，同样的内容采用不同的叙事方式，最后产生的效果截然不同。拆解故事最终的目的是让孩子们找到故事的秘密，建立内心的"故事图景"和叙事逻辑，在日常表达和创作中灵活运用这些叙事技巧。发现故事中的叙事之美，是讲述和创作精彩故事的前提。

故事中的叙事手法有很多种，对于3～6岁的年龄段来说，大人可以从比较基础的三个方面引导孩子初步了解，即悬念化叙事、"五觉化"叙事及特定结构化叙事。

1.悬念化叙事激发孩子对故事的期待

为什么孩子对《哈利·波特》等故事书爱不释手？答案就是故事中的悬念。这些悬念让故事变得一波三折、动人心弦，在读者的心中制造一个又一个心理期待。让孩子识别故事中的悬念并不是一件容易的事，因为孩子的天性是充满好奇的，他们总是很容易读到故事的悬念部分，就迫不及待地想翻到故事结尾去寻找答案。在儿童服务站，我们尝试运用"猜谜"等同于悬念的概念，让孩子理解和识别故事中的悬念。记得在一次拆解故事的过程中，教师和孩子有这样一段有趣的对话。

师：这个故事从哪里开始有"猜谜"的感觉？

孩子：小猴子的帽子丢了。

师：为什么看到帽子丢了，你就还想往下看？

孩子：我想知道他有没有找到。

师：这个就是故事的悬念，它特别神奇，像一个钩子一样勾住你。

孩子：（思考）我知道了，我讲故事时，可以尽快地说这个帽子丢了，要不然别人就不爱听了。

看！孩子们就是这样聪明，通过适当的启发，他们就能发现悬念的作用。悬念是让我们日常表达生动有趣的一个重要技巧，为了让孩子们活学活用，我们还特意设计了"悬念时刻"，即每天抽出 10 分钟的时间，在这段时间内，孩子们沟通交流的语言要融入悬念。通过日常故事的拆解，孩子们能够了解如何设计悬念；通过设置生活中"悬念时刻"，促使孩子思考如何将悬念技巧应用在话语中。

2."五觉化"叙事制造身临其境的感觉

五觉包含视觉、嗅觉、味觉、听觉和触觉，这是人类感知世界的基本方式。在故事中识别"五觉化"叙事很容易，我们可以问孩子，哪些情节让他有身临其境的感觉，拆解这些让他觉得有代入感的语句，进而引出"五觉化"叙事。只要让孩子将故事中跟视觉、嗅觉、味觉、听觉和触觉有关的内容找出来，就能够找到创作者"五觉化"叙事的技巧。"五觉化"叙事同样对孩子的日常表达有很大帮助，比如，我们曾经帮孩子们做日常表述的测评，发现那些表达能力好的孩子，能够说出更多的细节，而这些细节往往与五觉相关。

孩子 A：夏天天气很热，小朋友们不爱出去玩了，小黑狗也热得伸出了舌头。

孩子 B：夏天到了，太阳明晃晃的，空气中都是柏油路烤热的气味，躲在墙角的黑色小狗伸出舌头，呼哧呼哧地喘着气。

孩子 B 叙述的这句话，就运用了视觉、味觉和听觉三个方面的描述，让故事有更真实的感觉。教师及家长要多做"五觉化"叙事的启蒙，让孩子学会在故事中增加细节。针对五觉的细节描述不需要面面俱到，提炼出主要的 2～4 个细节特征，就可以增加故事的代入感。听故事的人，也会犹如身临其境。

3.结构化叙事建立孩子"故事图景"

学者朱莉娅那·平托研究发现，虽然学前儿童随年龄增长和生活经验的不断丰富，讲故事能力有所提升，但是对于故事结构的知识理解并不会随着年龄的增长而增加。儿童更倾向于记住故事内容而不是故事结构。[1] 我们对儿童服务站的孩子进行测试，结果也发现，通过拆解故事结构建立孩子大脑中故事图景，他们往往能更好地复述故事的内容。教师及家长应该有意识地让孩子识别故事结构，在 3～6 岁的年龄段，孩子可以适当看一些结构比较简单、规律性较强的故事，如递进式结构叙事的《渔夫和金鱼》，还有对比式叙事，如伊索寓言里的《龟兔赛跑》《狮子和鹿》等，

---

[1]　Giuliana Pinto, "Christian Tarchi, Lucia Bigozzi," Early Childhood Research Quarterly, 2016(36): 1–10.

这种结构形成一种强烈的对比，会让故事的情感冲击力更强。孩子 6 岁以后，可以通过拆解更复杂的故事，去学习"起承转合"叙事结构，即"故事开端—承上申述—故事转折—故事结束"的故事模式；也可以学习西方故事大师约瑟夫·坎贝尔提出的"英雄之旅"叙事结构，即"平凡的世界—冒险之旅—拒绝召唤—遇见导师—越过第一个门槛—考验—接近—核心磨难—回报—回归之路—复活—满载而归"这 12 个步骤，这是很多好莱坞电影常用的叙事结构。教师及家长经常带领孩子进行叙事结构拆解，有助于孩子在复述故事和创作故事时应用。

　　下面我们整理了在拆解叙事环节时常见的一些互动问题，这些问题有助于孩子理解故事中的悬念设置及叙事结构。在孩子读完故事后，教师和家长可以选择性地问孩子一些问题。

- ·故事从哪开始让你有担心的感觉？
- ·故事中哪个部分让你有身临其境的感觉？
- ·故事的开头你喜欢不喜欢？喜欢或不喜欢的原因？
- ·故事的结尾你喜欢吗？喜欢或不喜欢的原因？
- ·故事中还有你喜欢的其他部分吗？
- ·这个故事是不是有特定的结构？
- ·这个故事让你想起哪个与它相似的故事？
- ·故事是不是总是在主人公快要成功时会出现波折？

....

　　经过长期的拆解，孩子理解了创作者把不同信息、不同元素组成故事的技巧，这些技巧逐渐会内化成对故事的直觉。他们在讲故事时，会运用这些技巧，这就是最核心的故事信息编排能力，从"讲得完整"到"讲得精彩"，最重要的就是对故事叙事的拆解。

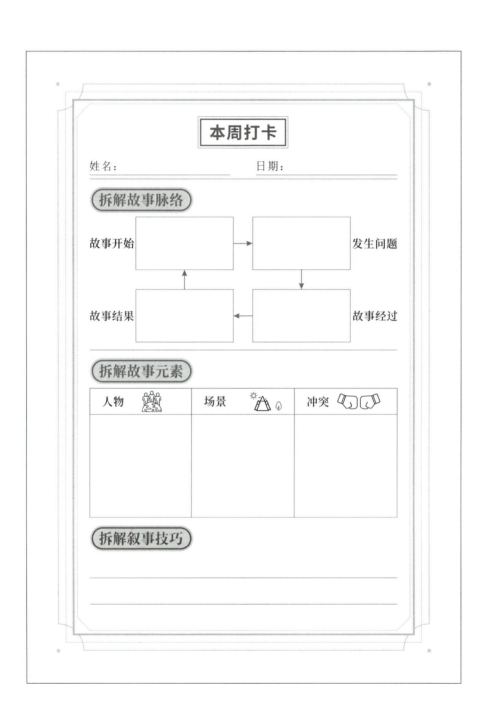

本周打卡

姓名：＿＿＿＿＿＿＿＿＿＿＿　日期：＿＿＿＿＿＿＿＿＿＿＿

拆解故事脉络

故事开始 → 发生问题

故事结果 ← 故事经过

拆解故事元素

人物	场景	冲突

拆解叙事技巧

第 3 节　联想（Associate）——插起翅膀飞起来，通过"编故事"增加孩子思维触点

在儿童服务站里，孩子们开展故事续编游戏时，热烈地讨论着一个问题："如果你是沉香，你会怎样救你的母亲？"

到了回答问题的时刻，孩子们叽叽喳喳，兴奋地说着他们的答案。

一个小男孩说："我会去找孙悟空，学会七十二变，然后变成如来佛祖，去二郎神那骗回宝莲灯救母亲。"

一个小女孩说："我要去找二郎神的母亲求情，因为二郎神的母亲当年也经历了和凡人结婚的事情，她一定有办法说服二郎神帮助我。"

…………

孩子们的想象力让成人自叹不如，他们编的故事体现了他们丰富的联想能力，更重要的是包含着他们解决问题的思路。

为什么要做编故事的联想启蒙？

首先，编故事可以提升儿童联想能力、创造能力。

美国创造性思维研究专家托伦斯发现，3～5 岁是创造性倾向发展的高峰时期，5 岁以后呈下降趋势[①]。如果教师及家长缺乏正确的方式引导和培养，就会导致孩子错过能力提升的黄金时期。联想能力是培养创造力的基础，人工智能时代，重复性的工作将会逐步被机器取代，留给人类的岗位大多是需要创造力的创意性工作。大人对于孩子的培养，也要着眼于未来的人工智能时代。

---

① 转引自张奇：《儿童审美心理发展与教育》，北京，北京师范大学出版社，2000。

托伦斯在创造性思维测试中，曾采用根据涂鸦编故事的方式。故事编得越精彩，说明孩子越具有创造力。编故事就是把孩子们积累的素材进行重新组合创造，是最好的提升联想力和创造力的途径之一。

其次，完善思维方式，增加孩子思维触点。

编故事的过程，体现着孩子的思维方式。有的孩子是感受型，在编故事时倾向于描述感受；有的孩子是问题型，在编故事时倾向于解决问题。即使同样是解决问题，孩子们的思维路径也不一样。就像孩子们讨论沉香如何救母亲一样，有的孩子倾向于依靠其他人物的帮助，如找二郎神的母亲去说服二郎神；有的孩子倾向于让主人公自己解决，如利用七十二变去骗取宝莲灯。当然，这些思维方式没有优劣之分，但在编故事过程中，如果发现孩子总用一种固定的方式和思维去续编故事，教师及家长可以适当引导孩子开启其他的思维触点。

最后，为表达和写作奠定基础，创造出更精彩的故事。

英国是"小猪佩奇""小熊维尼"的诞生地，这里为什么会出现这么多经典的童话形象？这与英国学校从小就让孩子接触"创意写作"，带领孩子编故事密不可分。编故事的自由表达，符合孩子的天性及想象力的培养。创作的核心是联想，编故事的联想启蒙，让孩子成为能写会说的魔法师。编故事的重要性不只体现在写作上，更会提升孩子的表达能力。让·皮亚杰认为：编故事这种游戏玩得越多的孩子，往往语言能力发展得更快，社交能力更强。

即使有了丰富的食材，也不一定能做出美味的菜肴，因为还需要菜谱及不断练习，拆解环节好比提炼出故事的"菜谱"，而联想环节好比不断练习烹饪故事这道大餐的技巧。如何给孩子做编故事的联想启蒙？可以分为三个环节，分别是故事接龙、故事续编和故事创编（见图3-5）。

图 3-5　如何做编故事的联想启蒙

一、四种故事接龙方式，让亲子互动不再词穷

科学家通过研究发现：一来一回式的沟通对于激发儿童语言能力有最佳效果。研究人员对儿童的脑部进行扫描观察时发现，话语转换的次数越多，两个大脑区域之间的联系就越强——这两个大脑区域称为韦尼克区和布罗卡氏区，对于语言的理解和产出至关重要。

故事接龙游戏恰好符合这种"一来一回"的沟通方式，这个游戏可以随时随地玩，如孩子们春游外出时，或者在家里亲子互动的时刻。故事接龙可分为单方引导式接龙、重复结构型接龙、你来我往式接龙和解决问题型接龙。其中，前两个比较适用于 2～4 岁等低龄孩子，后两种是故事接龙的高级阶段，可以在孩子 4 岁以后进行尝试。家长在带孩子进行接龙游戏时，游戏难度可逐渐增加。

1.单方引导式接龙

一般孩子在 2 岁左右，还不能独立编一个故事，这个时候，家长可以和孩子一起，运用接龙的方式培养孩子的故事力。单方引导式的接龙在孩子 2 岁多就可以玩，涵涵就特别喜欢以假装"打电话"的形式进行接龙。她 2 岁时词汇量不多，但当我们以她喜欢的小猪佩奇为题时，她已经能进行 1 分钟左右的接龙对话。

父：你好，哪位来电话了？

涵涵：这位。（她每次都爱回答"这位"）

父：这位叫什么名字？（继续引导）

涵涵：我叫小猪佩奇。（她特别喜欢佩奇）

父：佩奇你好，你打电话找我有什么事啊？

涵涵：我要办聚会，你来不来？

父：那你都叫了哪些朋友参加啊？（继续引导）

涵涵：小狗丹尼、小羊苏茜、小兔瑞贝卡。

…………

整个对话过程中，一直是大人在引导整个接龙的方向，而且对话基本就是《小猪佩奇》系列书籍里面的内容。但是这对于最早接触接龙的孩子来说，就已经足够了，游戏的目的是培养他们对于故事接龙的兴趣。

2.重复结构型接龙

重复结构型故事是一种常见的童话故事类型，如《小蝌蚪找妈妈》《三只小猪》等故事。此类故事因为结构形式重复，孩子比较好理解和预测故事情节，所以可以作为接龙的素材，让孩子尝试联想融入新角色，进行故事接龙。比如，教师及家长以"小蝌蚪遇到了蝴蝶"作为故事开始，看看孩子会做怎样的接龙，重复结构的故事因为有之前情节的示范，孩子更容易接龙出要回答的内容，降低了接龙的难度。

我们在儿童服务站还设计了一个"穿越童话城堡"的游戏，城堡中有各式各样的房间，房间里住着各种童话人物，让孩子每进入一个房间，就开展一段故事接龙。

教师：你走进城堡，推开第一个门，发现里面住的是小猪佩奇。

孩子：我发现佩奇正在跳泥坑。

教师：于是你轻轻关上门，又推开第二个门，发现里面住的是孙悟空。

孩子：我想跟孙悟空学习七十二变。

…………

这种故事接龙可以无限地展开。如果孩子对某个人物特别感兴趣，教师及家长可以和孩子多接龙几个回合；如果孩子已经缺乏兴趣，就进入下一个房间，与新的童话人物互动。

3. 你来我往式接龙

美国心理学家詹姆士·杜布森曾提到一个训练孩子接话能力的好办法：用传球来做游戏，训练"你来我往"的对话能力。

比如，大人提出一个问题"你喜欢听故事吗？"然后把球扔给孩子，他接过球，如果只是说"喜欢"或是"不喜欢"，就不能把球回传给大人，他的话必须能引出进一步的交流，比如，孩子说"喜欢，听故事让我了解了不同的生活"，那么就可以把球再传给大人。这个方式同样可以运用在故事接龙中，如果孩子的回答过于简单，并不能推动故事情节的发展，这说明孩子缺乏主动引导和发起谈话的能力，需要教师及家长进一步的示范和引导。

4. 解决问题型接龙

记得有一次在公园游玩，我与涵涵分享了《乌鸦喝水》的故事，讲了一遍后，涵涵希望能够讲一个新的关于乌鸦的故事，我只好把乌鸦喝水的情节改了一下，大意改成乌鸦借了一个吸管，把水喝了，没想到涵涵听得津津有味。这时，我适时地引导她说："我们两人轮流想方案，看谁想得多？你想一想，乌鸦还有什么方法可以喝到水？"涵涵想到了找其他小动物帮忙、寻找其他水源地等方法。解决问题型接龙，就是教师及家长找一个书本中或生活中的故事，大人和孩子轮流说一个解决方案，每说出一个方案，双方可以击掌增加趣味感，直到其中一方说不出新的方案，游戏终止。

平时，家长也要多组织孩子间的聚会，让孩子们围坐在一起，来玩这个游戏，既可以观察孩子的思维方式，又可以让孩子们思维碰撞、拓展思路。这就是便捷却有效、免费却高级的脑力训练！虽然很多幼儿园会开展此类活动，但我们特别建议家长在家里也带孩子玩一玩。因为幼儿园为了维持秩序，一般会有一些规则的束缚，孩子也会放不开，但是回到家里可以充分激发孩子的想象力，让孩子无拘无束地进行游戏，从思维碰撞中体验语言的快乐。

教师及家长在陪孩子故事接龙时，要注意一点：逐渐弱化自身的作用。刚开始玩接龙游戏，大人一定要起到主导作用。当孩子语言表达和思维比较活跃时，大人应该把故事的主动权交给孩子，让他们自由地发挥想象，主导这个故事的发展。

很多教师及家长在故事接龙中会有一个苦恼，陪孩子几个回合后就不知道怎么接龙了。下面分享一些开展故事接龙的技巧。

（1）加入新角色。

当接龙时加入一个新角色，故事就有了继续延伸新情节的可能性。比如孩子提到小白兔，那么大人就可以让小白兔遇到大狗熊。当没有新的思路时，可以再加入一个小猴子的角色，引发新的故事情节。大人灵活运用这个思路去和孩子编故事，就会有源源不断的灵感。

（2）融入生活/想象问题。

我们之前在拆解故事中，提到故事中要有冲突。如何制造故事中的冲突？就是让人物遇到问题。在编故事时，可以给人物设想一些问题，比如，教师及家长说小白兔"扑通"一声掉进了河里，孩子就会沿着这个思路继续编故事。故事也可以是关于孩子生活中的问题，比如，孩子平时不爱起床，大人在故事接龙时可以说"小白兔特别爱赖床，每次都不能准时出发"。这时孩子接龙的情节可能是他内心的真实想法，大人通过故事接龙还可以了解孩子背后的心理动机。

（3）转换场景。

每当故事中的角色到了一个新的场景，就可能会开启一段新的故事情节。在编故事时，我们可以说"小白兔玩累了，所以它回到了家里"，这时候孩子就会根据家里这个场景展开新的想象，场景的转换可以推动故事的发展。

（4）增加 / 遗失物品。

当故事的主人公增加或者遗失一件物品，也会引发新的冲突。很多故事中都有这样的情节，如西游记中孙悟空得到了金箍棒，唐僧丢掉了袈裟，这些情节都可以延展出新的故事情节。

这就是之前提到拆解故事的重要性，拆解的故事越多，教师及家长陪孩子编故事的过程就越容易、越顺畅，因为我们已经找到了故事的规律。根据故事三要素，在故事中加入新角色、融入生活 / 想象问题、转换场景、增加 / 遗失物品等方法，不断地推动故事接龙的开展。

二、故事续编，不断增加孩子的思维触点

童话故事作家严文井曾说："希望您能挤出一点时间，去听听孩子对玩具的自言自语，玩具居然说起话来，您的孩子给大木偶和小木偶分了姐妹，批评黑猫不洗脸。"其实，这个过程就是孩子最简单的编故事创作。很多孩子在刚开始玩故事续编时，不知道该讲什么，这时候可以加上一些道具激发孩子。有研究显示[1]，当孩子拥有道具激发时，如一张图片或两个玩偶，往往在 4 岁左右就可以创作出比较复杂的故事。随着孩子的表达能力和思维水平逐步提升，可以让孩子根据一个开头编出不同结尾。以下是我们推荐的 4 种故事续编方式，分别是推测式续编、反思式续编、问题式续编和前传式续编。

---

[1]　IA Aksu-koç, "Episodic Development in Preschool Children's Play-prompted and Direct-elicited Narratives," Cognitive Developments, 2005(20): 526-544.

1. 推测式续编

当教师及家长在给孩子讲故事时，让孩子推测故事接下来发生了什么。这个没有标准答案，主要是开拓孩子的思路，锻炼孩子的观察推理能力。德国文学家歌德小时候特别喜欢听母亲讲故事，但是歌德的母亲讲故事有一个条件，即每次她都不把故事的结尾告诉歌德，而是让歌德给故事编一个结尾来换取听一个新故事的权利。年幼的歌德为此煞费苦心，有时还特意找奶奶商量，这样不仅锻炼了歌德的口语表达能力，而且锻炼了歌德的想象力。正是歌德母亲这种特殊的"故事续编"教育方法，造就了一代伟大的文豪。

2. 反思式续编

故事虽然会告诉我们道理和知识，但是会造成单一视角。尼日利亚女作家奇玛曼达·阿迪契曾告诉我们："如果我们只去聆听单一故事，就会导致严重的误解。"很多故事只从一个维度讲道理，就可能形成单一的道理，让孩子掌握片面的知识。

为了避免"单一视角"给孩子带来的认知偏差，我们可以针对每个故事进行反思式续编，去质疑、去完善故事的道理。

比如，有一次在儿童服务站，教师给孩子们讲《乐于助人的小白鸽》的故事，故事内容是小白鸽热心助人，帮助了不好意思道歉的白兔及生重病的熊奶奶。然后教师重新编了一个故事的开头说："小朋友们，你们知道凶猛的老鹰爱吃鸽子，如果老鹰来小白鸽家敲门，让小白鸽帮帮忙，那么这个故事你会怎么编呢？"

孩子说："不能帮，就像小红帽不给大灰狼开门一样。"其实这个续编就是让孩子了解，乐于助人是好的，但是我们也要保护好自己。儿童辨别是非能力较弱，这样的故事续编能增强孩子对一个问题全面理解的能力。

3. 问题式续编

如果说在故事接龙环节，针对问题的接龙锻炼的是孩子想出解决问题的方案数量。那么，故事续编环节更注重解决方案的质量。要让孩子把后面的方案融入故事化叙述中，这就是孩子故事化表达的一次升级。

前面提到的《乌鸦喝水》，我们也曾在儿童服务站带孩子们进行故事续编，其中一个小朋友就把《乌鸦喝水》的故事续编成了下面这个版本。

乌鸦喝不到水，想了想，听说森林里老虎最厉害，就给老虎打了一个电话，请他来帮忙。老虎接到电话，赶了过来，但是看到瓶子却犯难了，如果把瓶子推倒，水洒出去，乌鸦就一点也喝不到了。老虎说："你再找别的动物帮忙吧！"

乌鸦想了想，森林里小狗最热情，于是给小狗打了电话。小狗接到电话，赶了过来，但看到瓶子也犯难了。小狗说："你再找别的动物帮忙吧！"

乌鸦想了想，狐狸最聪明，于是给狐狸打了电话。狐狸接到电话说："去给大象打电话，让大象帮忙。"乌鸦于是给大象打了电话，大象赶过来后，用鼻子卷住水瓶，轻轻一斜，乌鸦就喝到了水，它开心极了。

这个故事续编得很棒，不仅逻辑清晰，而且反映了一个深刻的故事主题，就是解决一个问题，找最厉害的不如找最合适的。而且这个续编过程可以把拆解环节提到的悬念化叙事、"五觉化"叙事、结构化叙事等技巧运用上，让故事编得更精彩。

4. 前传式续编

前传式续编是以目前的开头为结果，编一个现有故事的前传。还是以《乌鸦喝水》为例，乌鸦为什么喝不到水？之前发生了什么？为什么乌鸦一个人孤零零地出现在大森林中？这里为什么会有一个装满水的水瓶？很多孩子的思路都是"正推导"，前传式续编能够让孩子练习倒推问题的能力。当孩子通过续编，编出了一个乌鸦飞离了水源地的情节，得出"乌鸦不应该飞离太远的水源地时"的观点，孩子已经能够意识到如何让自己避免遭遇故事主人公的困境，获得了从源头上解决问题的思维方式。

故事续编是一举三得的训练，除了锻炼联想能力，还能让孩子在自圆其说的过程中锻炼其思维的逻辑性，并且提升了孩子制造语言中"画面感"的能力。大家发现那些能把生活中的小事讲得特别活灵活现的人，都是善于在语言中制造画面感的人。续编故事，可以同时提升孩子"编故事"和"讲故事"的能力。

三、故事创编，让孩子通过一个词就能编出精彩故事

英国教育专家肯·罗宾逊曾经说，高创造力的孩子，最典型、最直观的特征，是常常喜欢用编故事的形式跟大人解释他们独特的想法。[①] 故事是由词语和句子组成的，每个词语都像一个小精灵，它们在一起就会变成美妙的故事。运用一个词编出一个精彩故事，这是对孩子的高阶练习。为此，孩子要有大量的故事积累，还要有丰富的想象力。其实运用一个词语编出一个故事，也是有方法可遵循的。

第一步，从一个词语联想到其他不同的词语。

在儿童服务站时，我们曾带孩子们练习从一个词联想出许许多多的词汇，根据词汇的多个角度来引导孩子比喻和联想。刚开始，孩子们并不能很好地发挥联想，这个时候教师及家长就要给孩子们一些联想词语的思维框架。最常见的联想方式有四种，分别是类似联想、对比联想、接近联想和因果联想。但对于四五岁的孩子来说并不太好理解。为了方便孩子们记忆，我们把它们换成"双胞胎"联想、"翻手掌"联想、"排排坐"联想和"打雨伞"联想。

---

① ［英］肯·罗宾逊：《让思维自由：用创造力应对不确定的未来》，闾佳译，杭州，浙江人民出版社，2015。

类似联想（"双胞胎"联想）——双胞胎有一些特征是特别相像的，类似联想好比为这个词语找出一个双胞胎词语，这两个词语有一些特点是一样的。

对比联想（"翻手掌"联想）——无论你怎么翻手掌，手心和手背永远是一正一反相对的。所以，对比联想就是要找到跟原始词语特征相反、对立的词语。

接近联想（"排排坐"联想）——小朋友们上学的时候，都会坐一排，你挨着我，我挨着他，接近联想就是找到和这个词语空间上相邻的词语。

因果联想（"打雨伞"联想）——打雨伞一定是有原因的，因为下雨了，我们才打雨伞。因果联想，就是找出和这个词语有因果联系的词语。

当孩子随意选择一个词，都可以根据这四种联想想出其他词语。以大海为例，我们可以运用学过的"排排坐"联想，想到陆地，因为在地球上，海洋和陆地在空间上是相连的。我们运用"翻手掌"联想可以想到天空，因为海洋对着天空。同样可以运用"打雨伞"联想，想到"海啸"这个词语，因为大海会引发海啸。可以运用"双胞胎"联想想到江河，因为江河和大海的形态比较相似；也可以通过颜色上的相似进行发散，联想到"蓝宝石"等词语。为了激发孩子联想出更多的词语，教师及家长可以把这个过程变成一个小游戏进行比赛。联想词语的数量越多，就越容易编出一个精彩的故事。

第二步，把联想到词汇分类，重新组合编成一个故事。

在拆解故事要素时，我们提到了故事是由人物、场景、冲突三要素构成的。如果想让孩子编出一个故事，就要把我们联想到的词语进行分类，看一看哪些词语可以作为人物，哪些词语适合引发冲突。

我们得到了蓝宝石、天空、陆地、江河、海啸，再加上原来的"大海"这一个词，一共有 6 个词。

从人物的角度来说，我们要选取两个词进行拟人化，并且要赋予人物关系，是朋友关系还是对手关系。以在儿童服务站开展的"编故事"活动为例，我们最终选择了陆地和大海，把它们想象成故事的主人公，并且为了让故事冲突性更强，让它们两个存在竞争关系。在神话故事里总是有各种各样的神仙，那我们就想象陆地成为陆神，掌管地球上所有的土地；大海是海神，掌管所有的海洋和河流。光有人物还不行，为了让故事变得更精彩，我们还要设置冲突，"陆神"和"海神"两位是竞争关系，那么，他们为什么产生竞争呢？

还记得我们在拆解故事冲突中，提到过三种冲突类型，其中有一种是物品引发的冲突。有没有适合的词语引发冲突呢？我们仔细分析这里面的词语，有一个词语"蓝宝石"，能不能把蓝宝石设置为像宝莲灯一样的神器，有了它就可以统治整个世界。那么进一步开动脑筋，把陆神和海神联想为争夺蓝宝石的两位神仙。

在拆解故事人物要素时，我们曾提到可以赋予人物超能力，让人物更有吸引力。我们再从这些词中看一圈，看到了海啸，我们可以把海啸作为大海的必杀技。因为在故事的冲突中，陆神和海神的争夺一定有一方获得胜利。如果海神拥有海啸的必杀技，就可以设置他在争夺蓝宝石中获得胜利，其实这个时候故事的大致框架就已经构思出来了。

案例

在远古时代，海神和陆神是世界上最强大的神仙，陆神总想打败海神，让地球上有更多的陆地。海神也总打算打败陆神，让地球上有更多的海洋。

天空之神俯瞰着大地和海洋，对他们说："你们看这世间万物，花草树木，飞鸟鱼虾，有的适合生活在陆地，有的适合生活在海洋，它们在一起，才是最美丽的世界。"海神听到后，很不以为然。他觉得天空之神就是偏向陆神。因为陆地上总是生机勃勃，但陆地上的一些垃圾还会排入大海中，而海洋只能默默承受这些。

海神听说在天空中悬挂着一颗蓝宝石，这颗蓝宝石具有天空之神的法力，谁得到了它，谁就会法力大增。于是，就在天空之神睡觉的一个夜晚，海神偷偷发起了他的必杀技——海之啸，大海的巨浪涌上天空，浪花直奔天空中蓝宝石而去，一下就把蓝宝石摘了下来，海神得意极了。

果然，海神得到蓝宝石后，法力大增，使用海啸的威力也比以前大很多。陆神抵挡不住海神的威力，狂风巨浪把陆地淹没，整个地球陷入一片汪洋。

刚开始，海神为打败了陆神而开心，但是没过多久，海神却发现，他打败陆神并没有让他得到快乐，其他神仙开始纷纷远离他，不敢靠近他，天空之神也因为被海神偷走了蓝宝石，不愿意接近海神，整个世界每天都陷入黑暗之中，没有一点生机和希望。

海神有点后悔了，他怀念以前那个生机勃勃的世界，以前有鸟儿的歌唱，有软软的沙滩，有花草的芳香。于是，有一天，海神偷偷运用海之啸将蓝宝石送回天空，然后收回自己的法力，让陆地重新浮出海面，慢慢地，天空一点点亮起来了，蓝起来了。陆地上重新有了鸟语花香，陆神、天空之神和其他神仙又和海神成了朋友，整个世界又恢复了美丽和生机。

这是一个仅供参考的小故事，我们还可以采用其他方式组合词语，编成新的故事。在创编故事的过程中，教师及家长会发现孩子创作的故事情节，很多都依赖于他们看到的故事绘本，这也体现了积累故事的重要性。

小贴士

故事联想创编

第一，可以运用卡片作为道具。

通过实践，我们发现 4 岁以下的孩子能够独立完成故事创编的少之又少。如果想引导 3 岁左右的孩子参与创编故事，大人的帮助及辅助的工具必不可少。教师及家长可以制作一些词语卡，分成人物卡，场景卡和故事卡三类，每种类别收集 10～20 个词语。最开始可以每个类别抽一张进行故事创编，低年龄孩子着重让他在人物卡的角色内表演和创造，因为孩子此时还不具备构思整个故事的能力。故事接龙环节可以用故事卡，当孩子没有任何思路时，可以抽出一张卡片，根据卡片进行接龙。故事卡是一种能帮助孩子发挥想象力的工具，并且在故事联想训练的三个阶段都可以运用。如果想提高游戏的难度，还可以多抽卡片，如两张人物卡，两张场景卡，让故事中出现多个人物和场景，引导孩子创编更为复杂的故事。

第二，不要怕孩子编故事的速度慢。

孩子大脑中词汇量比较少，搜索词汇的速度比较慢，大人不要着急帮他说出来。经常有很多性急的大人，会替孩子说出他们的观点。这样孩子在创编故事时只会变得越来越懒惰、越来越没有自信。爱编故事是孩子的天性，他们急于用刚学会的语言来表达自己。这时家长只需给孩子肯定的眼神，示意他们慢慢说。比如，在儿童服务站，只要孩子在讲故事时，说出了一个他之前没说过的词语，教师们都会加以赞扬。

第三，想象故事不能没有限制性。

很多教师及家长会有这样的困惑，在孩子编故事时设定规则，会不会限制孩子想象力的开发；但如果不制定规则，孩子就容易天马行空地乱编。马修·梅在《精简》一书中曾指出，智慧的约束可以激发创造力。随着孩子能力的提升，我们在编故事时，要逐渐设置一些规则约束孩子，这样有利于孩子编出想象力丰富又符合逻辑的精彩故事。

本周打卡

姓名：_____　　日期：_____

故事接龙　请从故事中选取一个主人公遇到的问题，开始接龙挑战。

挑战一
你来我往接龙

· · · · · ·

注：评判标准为能否
引起新的谈话

挑战二：
解决问题接龙

· · · · · ·

注：评判标准为解决问
题方法的数量多少

故事续编　选取故事的开头部分，进行以下四种续编。

推测式续编	
反思式续编	
问题式续编	
前传式续编	

故事创编　请从故事中随机选取三个词语，编成一个新的故事。

_____

_____

_____

_____

第4节　思辨（Speculate）——火眼金睛辨起来，巧用故事分析眼镜等故事力工具

一年前，我们在儿童服务站组织了一场幼儿辩论赛，以《三只小猪的真实故事》为蓝本，孩子们分成两队进行辩论，桌子上像模像样地摆上了正方和反方。正方的观点是，小猪版本的故事是真的。反方观点是大灰狼版本的故事是真的。

其中一个小男孩是大灰狼的坚定支持者，他说："我觉得大灰狼版本是真的，因为在食物链中，狼就是吃猪的，但大灰狼把小猪当朋友，小猪却敌视大灰狼，如果大灰狼吃掉猪有错，那么我们吃火腿肠是不是也有错？"

有一个小女孩坚信小猪版本是真的，她说："大灰狼把第一个房子吹倒，茅草屋是不能压死小猪的，一定是它把小猪吃掉了说了谎话，如果真的把小猪压得很严重，也应该给医院打电话抢救。"

这场辩论本就没有输赢对错，但我们真心为这些孩子点赞，他们其实拥有了故事力的高级阶段能力，即对一个故事的辩证思考。在情绪化的媒体环境和压力倍增的日常环境中，让孩子拥有独立思考的能力，培养孩子看问题的辩证思维，这是每个疼爱孩子的父母最应该做的早期教育。

为什么要做故事思辨性启蒙？

第一，让孩子有更强的处理问题能力。

故事思辨性启蒙，可以让孩子看问题更清楚、全面，这是培养孩子解决复杂问题能力的关键。记得刚开始带孩子们读故事时，孩子们对于

故事的认知比较单一，但是，在一个学期之后，孩子们已经可以主动发起讨论，针对一个故事进行不同角度的分析。英国认知心理学家基思·奥特利提出，故事就是人类社会生活的飞行模拟器。当孩子学会辩证分析故事时，再面对生活中真实的事件，他们同样能辩证思考，并依此制订合理的解决方案。

第二，让孩子拥有更好的心态。

日本的中岛芭旺在 10 岁时出版了《我看见　我知道　我思考》这本书，记录了其 10 岁前的生活思考，文字思辨深刻，震撼日本文坛。中岛芭旺说："启发我的是所有遇到的人，包括那些欺负我的人。我相信任何经验都可以成为一个教训，所以我想到每一个经验的意义。"[①]一个 10 岁的孩子，对自我有如此深邃的思考，那么他在面对日后生活中的坎坷时，应该会具有更平和的心态。孩子成长的过程不可能一帆风顺，故事思辨性启蒙能够帮助孩子调整心态，接纳自己的问题和缺点；也能让孩子从多个角度思考问题，更从容地应对生活中的波折。

第三，同样的故事，能够讲得更精彩。

1 000 个人眼里有 1 000 个哈姆雷特，同样一个故事，经过思辨性训练，也会产生无数种解读。记得有一次在儿童服务站讲故事大赛中，曾有孩子抱怨，要讲的故事被别人讲过了。但别人讲过的故事，里面就没有可讲的东西吗？"坐井观天"的成语故事，可以解读出原生环境影响人生成长的观点；"狐假虎威"的成语故事，同样可以解读出做事要具有灵活性的观点。唯有能从故事里看到别人看不出来的视角，说出他人没察觉到的观点，才能在演讲或写作中脱颖而出。故事思辨性训练，就是新瓶装老酒，把原本老故事讲出新意来。每个故事都是一块璞玉，经过思辨力的打磨，才能

---

① ［日］中岛芭旺：《我看见 我知道 我思考》，陈舒婷译，南京，江苏凤凰文艺出版社，2018。

发现其中的意义，散发出最耀眼的光辉。

怎样做故事思辨力启蒙呢？可以分为区分事实和观点、扮演故事角色、运用"七副故事分析眼镜"三个环节（见图3-6）。

图 3-6   如何做故事思辨力启蒙

一、区分事实和观点，是很多家长都缺少的思辨训练

在美国幼儿园，有一项特别重要的启蒙训练，就是教孩子区分事实（facts）和观点（opinions）。每一个故事背后都隐藏着作者的倾向性，甚至不同的人在讲故事时也包含不同的思考和观点。如果孩子能区别出事实和观点，就能做出相对客观的判断。什么是事实？是指客观世界所存在的情况，可以被验证的。比如，在故事《小马过河》中，牛伯伯说的"河水刚没小腿"，以及小松鼠说的"去年我的小伙伴被河水冲跑了"，这都属于事实。那什么是观点呢？观点，指的是主体对待事物主观性的想法和判断。同样在《小马过河》故事中，牛伯伯说"水很浅"以及小松鼠说"水很深"，都属于观点。

北京师范大学的林崇德教授曾说，当儿童在不能分辨"事实"与"观点"的情况下，会将这些"观点"当作"事实"形成心理暗示，从而影响儿童正确地认识自我，甚至有些观点会一直影响儿童到成年。[1] 这就是我们要从小进行区分事实和观点训练的原因。

在区分事实和观点环节，可以进行以下两步。

①   林崇德：《发展心理学》，杭州，浙江教育出版社，2019。

1. 教师及家长可以带孩子做"事实和观点"游戏

在儿童服务站，教师和孩子经常做这样的互动游戏，每当孩子读完一个故事后，教师和孩子就分成事实和观点两方。一般由孩子先选，如果孩子选的是事实，就让他挑出故事里面所有表述事实的话语，教师挑出故事中所有表述观点的话语，可以一人一句交替进行。最后双方有争议的部分，再一起探讨。

2. 让孩子找到故事中作者隐藏的倾向

当孩子能熟练地区分事实和观点，就会发现故事中代表观点的语句，往往是一些针对人物的形容词。比如，在神话故事《哪吒闹海》里，我们看到作者给龙王三太子用的形容词是"恶徒"，给哪吒用的词语是"义愤填膺"，通过这些形容词，我们可以得出作者是喜欢和赞扬哪吒、批判龙王三太子的。所以，当我们能够看出作者的倾向时，就不容易受到作者的影响，做出更理智的评判。

这一点特别重要，故事的影响力和说服力是巨大的，它会轻易地绕开我们内心的防护机制，在做过这样的训练后，孩子即使听到那些感人至深的故事，也能保持冷静的判断。

在辨析事实和观点时，家长可以采用以下框架启发孩子思考。

· 故事中哪些是事实，哪些是观点？

· 你能否识别出作者的观点倾向？

· 有没有可能通过这些事实得出不一样的观点？

⋯⋯⋯⋯

基于同样的事实，也可能得到不一样的观点。在《三只小猪的真实故事》中，三只小猪和大灰狼根据同样的事实，得出了截然相反的观点。通过引导，让孩子了解到观点不是唯一的，要学会客观地辨析故事和生活中的观点。

二、扮演故事角色，让孩子拥有看清人物内心的"火眼金睛"

马可·奥勒留在《沉思录》中写道：我们听到的一切只是一个观点，我们看到的一切只是视角，不是真相。[①] 很多故事的创作者，为了在故事中制造冲突，都设置了正面人物和反面人物，我们该如何真正地了解人物？可以通过角色扮演，让孩子身临其境，进入故事人物的内心世界。

在开展故事角色扮演游戏时，一般可以分为以下四步。

1.分配角色，制定角色独白卡片

孩子对角色扮演有着天然的喜爱，但故事中有许许多多的角色，给孩子分配什么样的角色更合适呢？一般来说要给孩子分配主要角色。第一，主角更有代入感，能发挥孩子的积极性。故事一般都是采用主角视角叙述，孩子对主角往往有最直接的代入感，小男孩都觉得自己是故事中的英雄，小女孩会觉得自己是故事中的公主。孩子喜欢当主角和导演，如果让他饰演配角，可能会扼杀其玩故事角色扮演游戏的积极性。第二，主角是故事中面临冲突最多的角色，对提高孩子处理复杂问题能力有帮助。孩子在扮演主角时，会想象角色遇到的各种冲突和矛盾，体会人物的开心与难过。这不仅能提升孩子的共情能力，而且对其处理生活中同类问题也是有帮助的。

但如果是很多孩子一起玩故事角色扮演游戏，一定有孩子会抽到一些反面的配角。比如，我曾带孩子们一起做《丑小鸭》的角色扮演，这个故事里面有鸭妈妈、母鸡、猫儿、白天鹅等不同角色，其中抽到母鸡等角色的小朋友，往往会说"我不要演这个角色，我要演丑小鸭"。

这时教师要告诉每个孩子都有机会轮到"丑小鸭"的角色，但"鸭妈妈""母鸡"等角色也很重要，并不是故事中无关紧要的坏蛋。比如，鸭

---

① 马可·奥勒留:《沉思录》，何怀宏译，北京，中央编译出版社，2008。

妈妈原来视丑小鸭为"亲生的孩子"，甚至还夸过他"蛮漂亮""挺可爱"呢，它是多么喜欢这个孩子！最后它受了大环境的影响，才对丑小鸭说："我希望你走远些！"母鸡就像我们身边那些很关心人的好朋友，知道丑小鸭想去水里，对它说："你没有事情可干，所以你才有这些怪念头。你只要学会生几个蛋，或者像猫咪咪地叫几声，那么你这些怪念头也就会没有了！"

让孩子们制作角色内心的独白卡片，这个卡片中一定要多写角色的亮点，让孩子体验角色行为的合理性。当孩子在做这些内心独白卡片时，会逐渐体会到鸭妈妈被整个环境影响的无奈，体会到母鸡的苦口婆心。对于丑小鸭要去水里感到不可理喻的心情，是它根据生活环境做出的最真实的反应。孩子必须理解角色的合理性，才能接受角色的分配，并很好地呈现人物。

2. 人物秀

在孩子制作完角色卡片后，让孩子扮演角色的形象，当众做人物自我介绍，这对于锻炼其表达能力是很有必要的。如果故事中涉及历史人物，更要让孩子去寻找资料，详细了解人物的生平及故事。

在《大禹治水》角色扮演游戏中，我们就曾让儿童服务站孩子做一次大禹的"人物秀"。扮演大禹的孩子准备了一个草帽，戴在头上，然后开始介绍："大家好，我叫大禹，是夏朝的开国帝王。中原地带洪水泛滥，我到这里来治水，没想到治水治了 13 年……大家知道一言九鼎中的九鼎，其实也和我有关，九鼎为九州，我在位时铸造了九个大鼎。"

在扮演"大禹"的孩子做完自我介绍之后，其他孩子陆续做了"舜帝""皋陶"等传统故事人物的介绍，不光这些做展示的孩子得到了一次锻炼的机会，其他小朋友也通过"人物秀"知道了很多历史典故。

3.故事剧排练

在人物秀环节之后，孩子对人物的了解又提升了一个层次。这个时候，就可以进行故事剧的彩排，如果孩子年龄比较小，可以在老师或家长的帮助下，开展彩排；但随着孩子年龄增长，可以让孩子来当"小导演"。看看孩子如何协调各个角色，如何解决故事中所需的道具等。教师及家长在陪孩子彩排时，可以有意识地提出不同意见，对孩子分配的工作提出自己的"小建议"，以此看看孩子如何进行说服协调，如何化解彩排时的矛盾。故事剧彩排，对于孩子的社交能力也是极大的锻炼。

孩子有天生的表演欲望，所以，如果孩子玩得高兴，可以引导孩子们互换角色，把正面、反面角色都扮演一遍，体会每个角色的心理活动和情感变化，孩子往往会发现不寻常的故事观点，会打破对故事的常规印象。孩子在扮演这些角色时，更能体现孩子的共情力。逐渐深入地理解每个人物，这比强制告诉孩子，你要学会换位思考，效果好得多。

4.互相点评，颁奖环节

在故事剧表演完之后，可以由指导的老师或家长进行点评，一般可以从语言的流畅度、肢体动作、面部表情、语言的情感性等几个方面去考量。老师可以鼓励孩子根据情景即兴创作台词，不可硬要求台词的准确度，这样会扼杀孩子的创造力。最后，要挖掘孩子的亮点，给孩子颁发奖项，来给活动增添仪式感。当孩子第一次当主角、第一次尝试反面角色、第一次当小导演，都可以适时地制作"最佳表演进步奖""最用心导演奖"等，给孩子以鼓励。

总体来说，故事角色扮演游戏，孩子要从参与到主导，选材要从短故事到长故事，因为长篇故事中人物关系复杂，孩子需要逐步理解，才能展示好故事。故事角色扮演游戏能够提升孩子的表达能力、合作能力以及艺术创作能力等。

阿尔弗雷德·希区柯克曾这样说过："伟大的故事就是活生生的人生，只是把庸庸碌碌的部分给剔除掉了而已。"[①]要想明白人生，先要研究故事，教师及家长要引导孩子从不同角色的角度看故事，让孩子了解每个人站在不同的角度，对同样一件事的看法会不一样。

故事角色扮演可以提高我们三方面的能力：第一，对人物的共情能力，了解每个人物的心理活动。第二，对叙述的分辨能力。我们在日常生活中，经常会听到关于同一个故事的不同版本，通过学习，我们会还原出真实的事件，分辨出故事里的真伪。第三，可以从故事里学到一些处理事情的方法，通过孩子们的讨论，我们能够了解每个人的想法，分析出处理事情的最佳方法。

三、运用"七副故事分析眼镜"，锻炼孩子看问题的七项思维

哲学告诉我们看待事物要辩证地看，但是很少有孩子在小小年纪能理解"辩证"的真正含义。哲学虽好，但对孩子来说过于高深，其实故事本身就是儿童认识世界的方法论。孩子天生比较喜欢故事，当孩子掌握了故事的规律，他对很多事情就会有一个多维度的预判。许多孩子往往一个故事只能得出一个道理或观点，这其实就是思辨性不够的体现，要让孩子练习从一个故事看出不同的道理。以《丑小鸭》的故事为例，有的人领悟出应该在适合的环境和群体生活，否则会遭受很多不必要的打击；有的人领悟出身处逆境并不可怕，可怕的是失去希望和信念，失去为实现梦想所做的努力。

孩子思辨力的获得虽然并不简单，但是仍有一定的方法。我们曾运用独创的"七副故事分析眼镜"启发孩子，从多个角度去看待故事，基本的

---

① 转引自 [美] 詹姆斯·斯科特·贝尔:《冲突与悬念：小说创作的要素》，王著定译，北京，中国人民大学出版社，2014。

思考框架有以下几步。

· 真假眼镜：分析这个故事是真的？还是假的？

· 得失眼镜：故事主人公得到了什么？同时将失去什么？

· 大小眼镜：故事从"大"的层面或宏观角度看，会得出什么观点？从"小"的层面、个体角度看，会得出什么观点？

· 正反眼镜：故事从正面角度看和从反面角度看有什么不同？

· 主次眼镜：故事的主要冲突是什么？次要冲突是什么？

· 长短眼镜：故事主人公的选择从长期看和从短期看是否明智？

· 前后眼镜：把故事"向前看"，分析故事发生的原因？同时把故事"向后看"，哪些是将要发生的问题？

1. 第一副眼镜：看真假

当孩子开始接触一些历史故事、生活轶事时，要让孩子从真与假的角度去思考，去质疑信息的来源。在这个信息爆炸的时代，好多信息都没有准确的出处，需要孩子调取自己已有的生活经验和知识，去收集信息、思考分析，得出自己的准确判断。我们曾与小朋友一起做过"真假故事"游戏，让孩子们辨析故事的真假。

"真假故事"案例：夏天的中午骄阳似火，地铁里很凉爽。有一个身材魁梧的男人一直在车门处徘徊，一位女士站在他的旁边看手机。这时车上的乘客突然发现，这个男人在偷女士的钱包，几个大人看到了，却不敢说话。一个孩子勇敢地站了出来，指责了盗窃犯。

可以问一问孩子们：这个故事是真的还是假的？辨析的过程就是孩子思考的过程。故事发生的地点是地铁，孩子在地铁上为什么没有父母陪同？故事发生的时间是骄阳似火的中午，孩子为什么没有在学校？当然也有可能这一天是周末，不需要上学。判断真假不是目的，辨析故事的过程可以很好地提升儿童思辨力。

2. 第二副眼镜：看得失

中国有一句古语，叫作"塞翁失马，焉知非福"，指的是好事和坏事之间存在的辩证关系。在儿童服务站，小齐因为喜爱小动物，所以认领了一只小猫咪。为了让小猫健康成长，小齐需要每天定时喂水喂食。不久他便开始抱怨每天都要照顾小猫，不能随时和小朋友去玩。小孩子往往不了解"得与失"之间的关系，不清楚得到一只猫咪，就要失去一些玩耍的时间；不知道一次考试的失败，可能会得到更强大的内心。不断让孩子练习从得失角度看故事，"得"不必自满，"失"无须悲伤，能够让孩子从小拥有更豁达的心态。

3. 第三副眼镜：看大小

即从整体和个体角度看故事。

春秋时期，许多鲁国人因战乱流落外国，沦为奴隶。鲁国的法令规定，如果有人能够将被奴役的鲁国人赎回，这个人就可以从官方的库府拿回赎金。孔子的弟子子贡，是当时天下巨富，他在诸侯国遇到沦为奴隶的鲁国人，就将这些人赎回，却不肯接受鲁国支付的赎金。孔子知道这事后，批评了子贡。孔子说："子贡啊，你以为你不拿回赎金是高尚之举吗？错！你是有钱人，但更多的人没有多少钱，你开创了赎回奴隶却不拿回赎金的规则，那些没多少钱的人就无法效仿。如果只赎奴隶却不拿回赎金的风气流行开来，就没多少人肯赎回那些奴隶了。行善之人要得到回报，否则就没人肯学做善事了。"

很多事情，从个体层面思考是好的，但从整体层面分析则未必。现在孩子从小都是家庭里的宝贝，往往比较习惯于从自身个体的角度看问题。从大小角度看故事，有助于培养孩子的集体意识。

4. 第四副眼镜：看正反

很多故事总是被大众约定俗成的从正面或反面的角度去看，比如，当我们提到《愚公移山》，大家都会赞扬愚公精神可嘉，这就是从正面的角度看故事。其实，我们可以让孩子从反面的角度看故事，如思考愚公移山的做法是否有欠妥之处？通过思考，孩子们可能会意识到，愚公可以让一家人都从大山里搬出去住，也可以试试挖出一条山洞，这些都是更科学、更节约成本的方法。

5.第五副眼镜：看主次

旨在培养孩子的重点思维。还是以《愚公移山》为例，什么是故事中的主要冲突？愚公与大山之间的冲突就是主要冲突，他想改变家族被大山阻塞的现状；什么是故事中的次要冲突？愚公和智叟之间的"拌嘴"就是次要冲突。孩子通过分析故事中主次冲突的练习，就会形成抓住重点的思维方式，这对其解决生活中的问题也大有裨益。

6.第六副眼镜：看长短

即运用长期思维和短期思维进行分析。很多故事和事件，从长期看和从短期看将得出截然不同的结论。例如，身边有很多家长，每当孩子要新玩具时，就尽可能地给孩子买。他们一是为了通过玩具让孩子益智，二是怕孩子哭闹。其实从短期来看，这些想法都没有问题，但是从长期来看，玩具多的孩子往往专注力差。有的孩子小时候玩具特别少，却会不断地琢磨新玩法，这个才是真正的智力开发。美国心理学家巴里·施瓦茨也认为，选择越多的孩子，他们在生活中的满意度越低，拥有 3 双鞋子的孩子会比拥有 10 双鞋的孩子幸福感更强。①

7.第七副眼镜：看前后

旨在培养孩子的因果思维。向前看故事，即分析一个故事产生的原因。向后看故事，即分析一个故事的发展趋势。以《狼来了》故事为例，向前猜想，

---

①　[美] 巴里·施瓦茨：《选择的悖论：用心理学解读人的经济行为》，梁嘉歆等译，杭州，浙江人民出版社，2013。

可以得出小男孩的父母应该没有管教过孩子说谎的问题，才导致这样的事件发生。"狼来了"事件之后，预计小男孩的父母和乡亲们之间可能会爆发一场冲突。推测故事发生的原因和趋势都没有准确答案，主要是锻炼孩子的推理能力，言之成理即可。

有了这"七副眼镜"，可以让孩子看问题看得比别人更深刻，逐渐脱离单核思考的状态，练成判断事物的"火眼金睛"。日常生活中，我们发现"七副眼镜"是一个很好的说服工具。很多人把思路局限在了一个角度，这时我们就可以从其他角度分析问题，说服对方。

下面给大家介绍两种常见的"七副眼镜"分析法应用游戏。

第一种场景是在家中，家长可以跟孩子玩"七副眼镜来说服"的游戏，这是一个可以随时随地玩的亲子游戏。在亲子互动中随意设置一个需要说服的场景，锻炼孩子从"七副眼镜"的各个角度说服对方。家长应该从小锻炼孩子用语言去说服对方，去争取权益。比如，可以对孩子说，如果需要父母帮你做某件事，那就要找到三个合理的理由说服父母。这个说服游戏让孩子不仅仅把"七副眼镜"停留在分析阶段，更重要的是在他的日常表达中融入了思辨力。当孩子有了看问题的火眼金睛，即使面对不确定的未来，大人也会对孩子的成长充满信心。

第二个场景是在幼儿园或学校。故事辩论赛就是特别好的方式，老师通过孩子感兴趣的故事，设置一道辩论题目，如"丑小鸭受到不公正的待遇时，该不该反抗？"让孩子从各个角度论述自己的观点。幼儿辩论赛往往需要教师积极的引导启发，时刻抓住孩子的兴趣点。

给大家分享一些合适的选题作为参考，这些选题都会锻炼孩子的抗挫力，提升孩子在面对人生困境时的良好心态和分析能力。

· 《丑小鸭》：丑小鸭受到不公正的待遇时，该不该反抗？

· 《渔夫和金鱼》：当一次次面对老太婆的无礼要求，渔夫该如何更好地解决？

·《塞翁失马》：生活中的每件事，是不是都具有福祸相依的两面性？

·《完全是真的》：母鸡如果知道到处传的谣言是关于它的，该如何处理？

我们曾在儿童服务站中带孩子们开展过关于《丑小鸭》故事的思辨训练，当孩子们通过"七副眼镜"对故事进行多维度思考后，得出结论："当丑小鸭没有能力离开现有环境时，应该利用'个头大'的身体优势争取朋友；当丑小鸭有能力时，就应该主动飞走，去外面寻找更好的伙伴。"相信未来这些孩子即使在生活中面对类似的困境，他们处理问题的心态会更加成熟，方式也会更加得当。

希望每个孩子都能拥有思辨的"铠甲"，面对人生所有的荣光和困苦。

故事思辨性启蒙

第一，故事选材要紧贴生活。

思辨力是较高水平的思维发展，教师及家长要关注孩子认知水平。在故事的选择上，有些过于天马行空的故事，其实不适合做思辨性启蒙，找那些能贴近生活的，一是有利于孩子对日常生活的理解，二是符合孩子的认知水平。故事思辨力启蒙，不仅是为了让孩子在一个故事中看到别人看不到的观点，更是以此为练习，对生活中的观点进行区分。当孩子面对一些观点上的不认同，如果孩子能够很好区分，那么他保持良好心态的能力就会增强。

第二，大人不要急于给孩子做观点判断。

童话大王郑渊洁曾有一部作品《驯兔记》，讽刺"单一式教育"把孩子变成兔子。这部作品值得所有家长看一看。思辨性启蒙本来就是练习多角度看问题，所以孩子的想法可以没有对错。有些大人一听到孩子说一些不符合世俗判断标准的话就打断孩子，这是大人缺乏思辨力的表现。所以，孩子要想进行故事思辨性训练，教师及家长要保持一个开放的心态。大人退一步，孩子进一步，这是学步的规律，也是教育的规律，更是孩子故事力学习的规律。故事的思辨性练习是孩子的思维纵深练习，每当大人告诉孩子某个观点才是对的，批判和否定孩子的想法，孩子就会停止思考。

第三，故事思辨性训练要采用娱乐性和游戏性的方式。

思辨能力，其实是特别难掌握的一种能力。通常来说，人的思维发展需要经历三个阶段：直观行动思维、具体形象思维和抽象逻辑思维。思辨性这种高级认知能力一般出现得比较晚，在 6 岁左右，孩子因为年龄的原因及大脑发育水平，可能会不愿意做这种枯燥烧脑的训练，所以，我们建议用最娱乐的方式来进行基础的思辨性训练。引导孩子是一门学问，故事的好处是孩子天生比较喜欢，即使这样，大人也要善于寻找孩子的兴趣点。故事辩论赛就是特别好的方式，教师及家长通过孩子感兴趣的故事，设置一道辩论题目，让孩子从各个角度论述自己的观点。

思考

问题 1：寻找一个故事，看孩子是否能把老故事分析出新的观点？

问题 2：你是否能发现 ADAS 故事力模型与前一章故事力地图之间的关联？

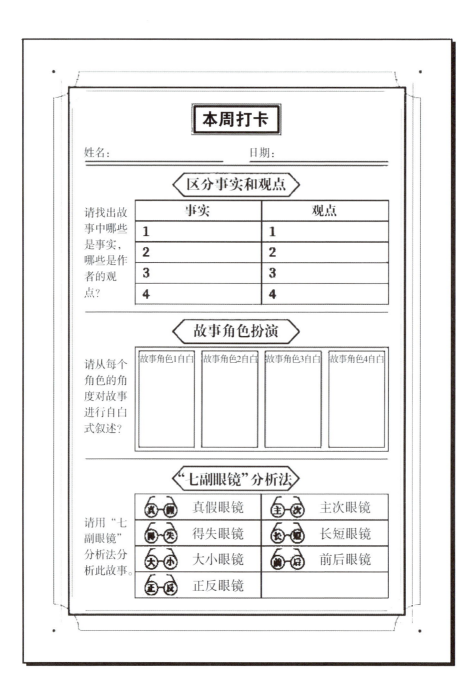

本周打卡

姓名：   日期：

区分事实和观点

请找出故事中哪些是事实，哪些是作者的观点？

	事实	观点
1		1
2		2
3		3
4		4

故事角色扮演

请从每个角色的角度对故事进行自白式叙述？

故事角色1自白	故事角色2自白	故事角色3自白	故事角色4自白

"七副眼镜"分析法

请用"七副眼镜"分析法分析此故事。

真假	真假眼镜	主次	主次眼镜
得失	得失眼镜	长短	长短眼镜
大小	大小眼镜	前后	前后眼镜
正反	正反眼镜		

第4章

学习故事力过程中的六个秘密

故事，犹如通往孩子内心的幽径。

——苏珊·佩罗

（澳大利亚资深幼儿教师）

第 1 节 故事图谱，学习故事力的成长地图

清晰地界定"故事"的概念，有助于孩子更好地学习和提升故事力。我们常说演讲需要学习故事，写作需要学习故事，领导力需要学习故事，疗愈需要学习故事，但这些故事完全不是同一类型的故事。就好比 0 ～ 6 岁是孩子，6 ～ 12 岁是孩子，12 ～ 18 岁也是孩子，但针对不同的孩子有不一样的启蒙方式，故事也是一样。故事图谱（见图 4-1）的作用，就是界定故事的阶段，厘清故事的概念，让孩子的学习更加有针对性。

图 4-1　故事图谱

在故事图谱中的右侧，是复杂故事。电影、电视剧、长篇小说等都是复杂故事，里面人物很多，情节十分曲折。如罗伯特·麦基的书，更多的是针对这一类故事规律的研究。在故事图谱中的左侧，第一个是故事元素。在生活中有些民间俗语，虽然简短，但是特别容易让人记住，如"你不能又让马儿跑，又不给马儿吃草"。这些俗语说出来效果为什么这么好，就是因为具有故事元素，在刚才这个俗语中，至少包含了场景和冲突两种故事元素。故事图谱第二部分就是小微故事，包含小故事和微型故事，如名人轶事、生活趣闻。这种小故事基本在生活中无处不在，无人不讲。

所以从提升孩子表达的角度来看，教师及家长要关注故事图谱左侧的两类，故事元素和小微故事；从提升孩子写作的角度来看，教师及家长应该关注故事图谱右边的两类，中型故事和复杂故事。从孩子年龄来划分，2～6岁时更应该关注小微故事，这个阶段着重养成孩子的故事力学习的习惯和激发孩子对故事力的兴趣，比如，每天积累生活中的小故事、和大人一起玩故事接龙等；在孩子7～11岁时，根据孩子逻辑能力的发展，可以学习中型故事，加深孩子对故事结构的理解，同时要通过故事不断提升孩子的思辨力；12岁以上的孩子，可以研究长故事，阅读一些较为抽象的故事理论书籍，可以为其将来从事创意类职业打下良好的基础。

第 2 节　为善为勤，学习故事力之前的心态教育

孩子要成为"小小故事家"，良好的心态是必不可少的。相对于成人，孩子在创编、复述故事的过程中，心态上的变化频次更高、起伏更大。在儿童服务站，我们带孩子进行讲故事比赛时，往往会出现以下几种情况：

· 太难了，我不想讲故事了！

· 我练了好几次也没用！

· 我编的故事比他们的好，太简单了！

··············

大体来说，他们往往在表现不好时，心态过于浮躁，在表现特别好时，又容易出现骄傲自大和缺乏约束的情况。

首先，故事力的学习并非易事，教师及家长不必苛求完美。重要的

是让孩子勇敢地去创作、分享故事，要寻找一切可能的机会，让孩子将积累和创作的故事分享出去，不断地改进。这种练习多了之后，孩子才会逐渐步入故事力的高级阶段。在孩子进行自我否定时，积极运用故事去影响孩子，让其保持积极的心态。我们曾实行过"365 激励故事计划"，每天和孩子分享一个名人轶事去激励孩子，这些故事对于遭遇困难和瓶颈期的孩子很有帮助。

其次，对于那些有故事力天赋的小朋友，一定要正确引导其心态。美国有一种职业叫故事家，《故事思维》的作者安妮特·西蒙斯在书中提到，故事家们曾对自己的本领感到恐惧。当他们故事讲到精彩之处，面对人们着迷的面孔、张大的嘴巴和迷离的目光，会忍不住问："天啊，这些人现在处在我的掌握之中，我该怎么办？"

故事是传播思想的"原子弹"，教师及家长应树立让孩子通过故事力帮助别人的理念，尽可能地通过讲故事使生活更好、更有意义、更有趣。曾经有教师及家长提出这样的问题，担心孩子会编故事后，在日常生活中编故事欺骗他们，这样的担忧并非杞人忧天。我们希望孩子能正确使用故事力，这就需要从学习这门能力开始，告诉他们不能运用这种能力去欺骗、去操纵别人，让别人陷入痛苦。要从学习故事力这门技能开始，把这粒种子根植在孩子的内心深处，讲故事的能力必须受到道德的约束。

第 3 节　最佳年龄，不要错过孩子学习故事力的黄金时期

现代儿童发展心理学研究表明，儿童语言发展的敏感期一般在 2 岁左

右。人大脑中有一个专门负责学语言的区域，即布罗卡氏区。布罗卡氏区在 2～4 岁时开始快速发育，12 岁之后，绝大部分人的布罗卡氏区会关闭，那些与语言学习相关的神经元也很难再进一步强化，此时的语言学习只会存储在记忆区，运用时就不再那么自如灵活了。[①]

通过在儿童服务站的实践和观察，我们发现一个有趣的现象，孩子学习故事力技巧，这些技巧逐渐会成为他的语言本能。但是成人学习故事力时，应用起来进展很慢，因为成人必须先通过大脑记忆，再同步"翻译"进行语言输出。成人在学习这些技能时因为错过了"黄金期"，通常花费大量时间，也收效甚微。

除了语言发展敏感期这一原因，还有一个重要原因就是父母教育、培养孩子有一个黄金期。当孩子在青春期之前，往往特别依赖父母，尤其在6 岁之前，父母的陪伴对于孩子来说特别重要。记得涵涵在 3 岁时，她总是很高兴与父母扮演大灰狼和小猪，然后不断地模拟故事里的场景，进行对话的练习。在孩子最依赖、最信赖大人的时期，教师及家长要不断地带领孩子们玩各种故事力的游戏，刺激孩子的语言发展，孩子也会觉得特别难忘且有趣。但是当孩子长大后，往往会有自己的伙伴圈子，不再愿意跟大人去做游戏，这时候大人的影响力在下降，就会错过教育的黄金时期。

本书第 5 章介绍了各年龄阶段适合玩的故事力游戏，教师及家长可以根据孩子的年龄，跟孩子进行故事力游戏的互动。

---

① ［美］丹尼斯·博伊德、海伦·比：《儿童发展心理学》，夏卫萍译，北京，电子工业出版社，2016。

第 4 节　寻找伙伴，组建故事团体并设计"儿童故事节"

在孩子成长的过程中，有三类人的影响特别大，分别是教师、家长和同伴。所以，在故事力的学习过程中，不光要有教师和家长的引导，更要让孩子们组成讲故事类的兴趣团体，让喜欢听故事和讲故事的孩子有展示的舞台，相互支持，更好地成长。我们在儿童服务站时，鼓励小朋友们组成社团，并挑选一个日期，设计成"儿童故事节"，他们可以在"儿童故事节"当天以各种形式表演他们喜欢的故事。教师也可在幼儿园设立故事节，让孩子们变身各种人物，以各种方式去呈现故事。

除此之外，建议教师及家长帮助孩子组建"故事俱乐部"。每年能够积累 365 个故事的孩子（即每天积累 1 个故事），都可以加入俱乐部，教师及家长为达到标准的小朋友设计加入俱乐部仪式，如发证书，发表感言等。故事俱乐部的建立，也方便孩子们开展各种故事力启蒙游戏。

故事力体系是具有连贯性的，从积累、拆解、联想和思辨四个阶段逐步提升，这其中的故事接龙、故事角色扮演等很多启蒙游戏，是由浅入深，循序渐进，同时需要多人互动。不同的成员有不同的思路和表达，这样才能更好地促进孩子们的发展。如果孩子单独练习，学习的效果就会大打折扣。故事俱乐部可以有效地帮助孩子开展各种类型的启蒙游戏。在孩子练习的初级阶段，因为表达能力有限，成人很容易以自己的视角去评价孩子，这样会限制孩子的发挥。孩子们在一起更能以儿童的视角互动，这就是建立故事团体的意义所在。在日常生活中，我们都曾有过这样的体验，几个伙伴一起坚持锻炼、坚持读书，才能更好地坚持下去。所以，让兴趣相投的孩子成立故事社团，不仅对培养孩子故事力有很大帮助，而且对孩子的健康成长大有益处。

第5节　改变孩子，从重新书写孩子故事开始

在前面的章节中，我们曾提到过记录故事的重要性。记录的故事可以包含两部分，一部分是从书籍和网络收集的好故事，另一部分是记录孩子的"闪光时刻"的故事。什么是"闪光时刻"的故事？就是那些孩子在生活中不容易被察觉的细微优点，如孩子随手收拾了玩具、和别人展开了一次愉快的合作等。记录孩子的"闪光时刻"，会给孩子正向的鼓励和引导，让孩子改掉身上的不良习惯，对孩子的健康心理塑造具有重要意义。

记得涵涵在 2 岁时，每次看书总是离书本很近，我们都很担心她的视力。记得有一次她看书，自己说了一句"我要把书放得远一点，离得太近，眼睛就该看不清了"。随后，我们抓住机会把这个闪光故事记录下来，然后每天带涵涵重温这个故事时，她都会很骄傲地说"这句话是我说的"，看书离得近的问题也慢慢改正了。

苏珊·佩罗曾说，故事犹如通往孩子内心的幽径，故事中的隐喻可以作用于孩子的心灵，让他们的行为发生正向的转变。很多时候，不是孩子不好，而是很多家长缺少发现美好的眼睛。在儿童服务站，当我们把记录一个学期的闪光时刻故事集送到家长的手里时，家长往往会惊讶于孩子的优秀，同时孩子也会自信心大增。生命本身就是一个定义自身的过程，为何不用更多美好的故事去定义这些孩子，让他们自信、有生命力地成长，更好地融入集体呢？

第 6 节　共同成长，家长和教师也要学习故事力

当要求家长和教师做出改变时，我们会非常审慎。因为成人在日常工作及家庭生活中面对双重压力，能抽出来用于学习的时间十分宝贵。

可喜的是，通过一系列的实践，我们发现成人进行故事力的学习，不仅能让孩子故事力有所提升，而且对于成人自身的职业发展、亲子沟通也十分有益。从孩子的角度来看，在幼儿时期，他们往往通过听成人讲书本故事和生活故事，去识别故事的结构，去注意故事中的角色、情节和词汇等。

为了更方便地检验孩子们运用 ADAS 故事力模型的效果，我们设置了一些检验的标准。比如，检验积累阶段的标准，可以从孩子"故事银行"的数量入手；检验拆解阶段的标准，可以从孩子复述故事的准确性和生动性入手；检验联想阶段的标准，可以从孩子故事编得是否新颖、生动有逻辑入手；检验思辨阶段的标准，可以从孩子能否把一个故事或事件看出多个观点入手。如果家长对故事力缺乏了解，就很难评判和检验孩子故事力的水平，无法有效的引导孩子过渡到更高阶段的故事力学习中。

我们在儿童服务站实践中，发现成人的故事力的提升会带动孩子的成长，如果孩子身边的教师和家长的日常表达是充满语言张力和思辨的，那么在日常的接触过程中，孩子耳濡目染地学习到故事力技巧，也能使其故事力水平提升。同时，好的故事可以滋养孩子的心灵，生活中的挫折会让孩子感到焦虑和挫败感，但好故事会让孩子心态发生积极改变，从故事中获取力量。

从成人的角度而言，通过故事力的学习，成人获得了与孩子沟通的法宝。很多大人和孩子沟通不得其法，总是采用训斥、讲道理等方式去解决儿童成长过程中的问题。苏霍姆林斯基曾说，任何一种教育现象，孩子在

其中越少感受到教育者的意图，教育效果就越大。[①] 苏霍姆林斯基曾遇到一位极为叛逆的学生尼古拉，一次在学校果园嫁接苹果枝的时候，苏霍姆林斯基讲述了生物学家米丘林的故事，这却意外引起尼古拉的兴趣，最终两人成为了好友，尼古拉也变得越来越积极向上。故事就是最好的媒介，大人可以通过讲自己小时候的故事、榜样故事等去拉近距离，化解儿童成长过程中的问题。同时，故事力的提升也有利于成人在职场的发展，使其更加适应领导力岗位。肖恩·卡拉汉曾出过一本书，名字叫《不会讲故事，怎么带团队》，这本书详尽地阐述了故事在职场、日常生活中的巨大作用，合乎时宜地通过故事影响他人被视为是具有领导力的表现。

> **思考**
>
> 问题 1：你能否找到在儿童教育、职场成长等领域运用故事力的案例？
>
> 问题 2：在开展故事力启蒙时，你还发现了哪些快速提升故事力的技巧和方法？

---

① [苏] 苏霍姆林斯基：《苏霍姆林斯基教育箴言》，朱永新编，北京，教育科学出版社，2016。

高创造力的孩子，常常喜欢用编故事跟大人解释他们独特的想法。

——肯·罗宾逊

（英国华威大学教育学教授）

第 1 节　12 步案例实操手册

我们在儿童服务站开展"故事力星球"项目时，一些教师及家长意识到 ADAS 故事力模型的作用，希望随时随地使用该模型对孩子进行故事力启蒙。ADAS 故事力模型包含积累、拆解、联想、思辨四个阶段，同时可以细分为阅读积累、拆解故事脉络、故事接龙、区分事实和观点等 12 个环节（图 5-1）。

图 5-1　12 张故事力卡片

为了让教师及家长能够更清晰地运用 ADAS 故事力模型提升孩子的故事力，我们特意选取了《宝莲灯》为案例，把整个互动过程详细地记录下来。在拆解故事脉络环节，孩子们已经能很好地复述宝莲灯的故事；在故事续编环节，孩子们创作了《宝莲灯新编》4 幕剧；在故事角色扮演环节，孩子们领会到了玉帝做法中所包含的大局观，得出二郎神冷酷性格之中隐藏着机智等观点，孩子们对故事的深入理解，常常让教师和家长觉得惊喜。

本书因篇幅限制，12个环节中的词语积累（环节2）、拆解故事脉络（环节4）等都是选取宝莲灯故事的片段进行说明，主要是为了给教师及家长一些借鉴启发。当然，书中孩子针对每一个环节的答案也非唯一的正确答案。儿童服务站的孩子在经过12个环节的故事力启蒙后，经常会冒出"金句般"的童言童语，编出具有"金点子"创意的故事，展现出非凡的创造力和表达能力！

本章案例所使用的材料均来自《宝莲灯》，故事内容简介如参考故事所示，希望教师及家长以此为参考案例，更好地做孩子的故事力启蒙。

宝莲灯

汉代有个书生叫刘向，上京赶考时顺道登华山一游，在华山与美丽善良的仙女华岳三娘互相产生爱慕之情，结为夫妻。日子临近赶考，刘向不能久留，依依惜别之时，刘向赠给三娘一块祖传沉香。

刘向在京城一举中榜，华岳三娘却遭难了。原来，此时正值王母娘娘生日，在天宫大办蟠桃会，各路神仙均来赴会祝寿，可是三娘有孕在身，便推脱染病而留在华山。谁知，真相被三娘的哥哥二郎神知道了，二郎神勃然大怒，责怪妹妹私嫁凡人，触犯天条律令，要捉她上天受惩罚。三娘毫不畏惧，她有宝莲灯护体，只要宝莲灯大放异彩，无论哪路妖魔、哪方神仙，都会被震慑。二郎神自知不敌，就令哮天犬趁三娘休息之际，将宝莲灯盗出。这样，可怜的三娘就被二郎神压在华山下的黑云洞中。三娘在暗无天日的洞中生下了儿子沉香，为防发生不测，她偷偷恳求夜叉，将儿子送到刘向身边。

沉香长大之后，知道母亲被压在华山下受苦，就一心想救出母亲三娘。他把想法对父亲说了，无奈刘向只是一介文弱书生，只有叹气摇头。于是沉香便独自离家去找母亲。他历经千辛万苦，终于走到了华山。可是母亲在哪里呢？这个只有八岁的孩子，放声大哭起来。哭喊声惊动了路过此地的霹雳大仙。好心的大仙为孩子鸣不平，他将沉香带回自己的住所，教授他武艺。沉香刻苦学习，渐渐学会了一身本领。十六岁生日那天，沉香向师父辞行，要去华山救母。大仙赠给他一柄萱花开山神斧。

沉香腾云驾雾，来到华山黑云洞前。他大声呼唤娘亲，声声穿透重重岩层，传入三娘耳中。三娘知道儿子已长大成人，激动不已，就将沉香唤到洞前。三娘自知哥哥二郎神神通广大；沉香又年幼，儿子哪能是他的对手呢？所以，三娘叫沉香去向舅舅求情。

沉香飞身来到二郎庙，向二郎神苦苦哀求。谁知二郎神铁石心肠，不但不肯放出三娘，反而舞起三尖两刃刀，要向沉香下手。沉香怒不可遏，觉得二郎神欺人太甚，便抡起神斧，与他打了起来。两人刀来斧往，山里水里，变龙变鱼；从天上杀到地上，再从人间杀回天宫；直杀得山摇地动，翻江倒海，天昏地暗。这件事惊动了太白金星等神仙们，他们就去看个究竟。他们在云端里看了一阵，觉得二郎神身为舅舅，如此凶狠地对待一个孩子，太无情无义了。于是神仙们相互使了眼色，暗中助了沉香一臂之力。沉香越斗越勇，越战越精神，二郎神再也招架不住，只得落荒而逃，宝莲灯也落入了沉香之手。

沉香立即飞回华山，拿起宝莲灯，举起开山神斧，奋力猛劈。只听得"轰隆隆"一声巨响，华山裂开了。沉香急忙找到黑云洞，救出了母亲。受尽了苦难的三娘才重见天日，她与儿子紧紧抱在一起，百感交集，泪流满面。

一、阶段一：故事积累力

1.阅读积累

准备工作：选取适合孩子年龄段的故事进行亲子阅读。

2.词汇积累

准备工作：教师及家长选取《宝莲灯》的某个片段，找出其中想让孩子深入了解的动词和形容词，然后做成卡片。

步骤 1：选取《宝莲灯》故事部分段落——"二郎神勃然大怒，责怪妹妹私嫁凡人，触犯天条律令，要捉她上天受惩罚。三娘毫不畏惧，她有宝莲灯护体，只要宝莲灯大放异彩，无论哪路妖魔、哪方神仙，都会被震慑。二郎神自知不能敌，就令哮天犬趁三娘休息之际，将宝莲灯盗出。这样，可怜的三娘就被压在华山下的黑云洞中。"

步骤 2：找出段落中的动词和形容词。

本段包含的动词：责怪、惩罚、压。

本段包含的形容词：勃然大怒、可怜。

步骤 3：找出相似和相反的词语。

找出与"责怪"相似和相反的词语：批评、指责、谴责、表扬、赞美等。

找出与"惩罚"相似和相反的词语：处分、处理、赏赐、表彰等。

找出与"压"相似和相反的词语：躺、趴、靠等。

找出与"勃然大怒"相似和相反的词语：怒发冲冠、欣喜若狂、喜笑颜开等。

找出与"可怜"相似和相反的词语：可恨、可气、幸运、幸福等。

步骤 4：开始游戏。

按故事顺序把词语卡片摆成几排，家长开始复述故事，到相关词语停下，让孩子以跳格子方式做出选择，如正确，继续复述故事，重复上述步骤，直到整段故事讲完；如错误，家长详尽地告诉孩子各个词语的区别。

3. 生活积累

准备工作：让孩子在生活中，寻找一个类似沉香救母主题的故事。如果孩子没有思路，可以进一步扩大范围，目的是强化阅读积累与生活积累的联系。

步骤 1：提炼沉香救母故事的特点，即孩子通过自身努力达成某项任务。

步骤 2：根据这个特点，联想记录生活中的故事，下面分享一个儿童服务站孩子创作故事的案例，十分有趣。

去年夏天，我想在妈妈过生日时，送她一份礼物。我把这个想法和爸爸说了后，他说："你还没工作赚钱，好好学习就是给你妈最好的礼物。"大人总是把我当小孩子看，难道送礼物一定要用钱吗？妈妈这么辛苦，我一定要给她一份惊喜。于是，我想了想，妈妈最近总是加班，累得腰酸腿痛，我要用我现在有的东西，给她制造一个惊喜。

一转眼，生日到了，这一天，爸爸接我放学回家，一到家，我们就开始准备。爸爸给妈妈买了一大束花。可是今天妈妈又加班，我们等啊等，等得天都黑了。

突然，我听到一阵门铃声，我飞快地跑去打开门，真的是妈妈回来了！于是，爸爸拿出了他的鲜花，我也拿出了我的礼物——家中的棋盘盒。妈妈开心地接过爸爸的花，然后打开我拿的棋盘盒，看到我用棋子粘成的心形形状，妈妈开心极了！我说："妈妈，你把棋盘拿开，还有小礼物！"妈妈打开后，发现里面有 3 张卡片，上面是我写的字——"按摩卡"。我对妈妈说："你最近很累，这是给你准备的按摩卡，只要你感觉累了，用一张卡，我就可以给你捶捶背、揉揉肩，做一次按摩！"

妈妈激动地抱着我说："这是我生日收到的最好礼物！"哈哈，我好

开心，记得刚开始准备礼物，爸爸还瞧不上我呢！所以，不管谁说你不行，只要是对的，最重要的是自己要坚持，自己多动脑，就一定能把想做的事情做成功！

二、阶段二：故事拆解力

1.拆解故事脉络

准备工作：因为《宝莲灯》故事较长，我们选取沉香出生之前的故事片段进行脉络拆解。

步骤1：先画出思维导图框架的四个方框，分别是故事开始、发生问题、故事经过、故事结果四部分。

步骤2：对故事片段进行拆解。故事开始部分为三圣母和刘向结为夫妻，发生问题部分为三圣母私嫁凡人的事情被二郎神发现，故事经过部分为二郎神与三圣母交战，故事结果部分为三圣母被压在华山之下（见图5-2）。

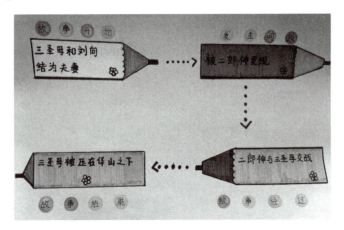

图5-2　拆解故事脉络

步骤3：在故事时间脉络的基础上，分析角色情绪变化，以三圣母为例，在与刘向结为夫妻时她的情绪状态是开心；在被二郎神发现两人成婚后，她的情绪转变为担心，担心受到天庭的责罚；在和二郎神交战过程中，三圣母的状态是毫不畏惧；在被压在华山之下，三圣母的情绪是悲愤无助，只能恳求夜叉将孩子送到刘向身边。

2.拆解故事元素

准备工作：选取《宝莲灯》故事片段，运用思维导图从人物、场景和冲突三要素进行拆解。

第一，拆解人物元素。

步骤 1：选取故事中沉香要去救妈妈的片段，以沉香作为分析对象，并用白纸画出其形象，在右侧画出三个方框，分别标注"语言""行动"和"情绪"。

步骤 2：在第一个方框内，记录下沉香说的内容，包含"妈妈在哪里"和"我要去救妈妈"等话语。

在第二个方框内，记录下沉香做了什么。我们可以看到虽然刘向不同意沉香去救妈妈，但沉香最终还是离开了父亲，拜师学艺去救妈妈。

在第三个方框内，对沉香的情绪进行记录。故事的刚开始曾提到沉香不开心地问爸爸，这个"不开心"就是沉香的情绪。为什么沉香会不开心呢？因为思念妈妈（见图 5-3）。

步骤 3：根据三个方框的内容，对沉香性格进行分析。

从沉香的语言，行动和情绪中，我们能分析出沉香的两点性格。第一是孝顺，因为他的话语一直围绕着妈妈，为了救妈妈去拜师学艺；第二是敢想敢做，不怕困难。即使爸爸说他不行，他也没有放弃。

第二，拆解场景元素。

步骤 1：找出故事中的场景描写。

故事场景中描写很少，只找到一处关于黑云洞的描写，运用的词是"暗无天日"。

图 5-3   拆解故事人物

步骤2：分析描写此处场景的作用。

描写黑云洞的暗无天日，主要是为了体现三娘的艰辛，营造凄惨的气氛。

第三，拆解冲突元素。

步骤1：选择故事中沉香与二郎神打斗的片段，运用思维导图进行拆解，分别画出人与人的冲突、物品引发的冲突和内心的冲突三个冲突模块。

步骤2：

首先，分析人物内心的冲突。沉香想要救母亲三娘，这就引发了三娘内心的冲突。她既高兴于孩子的勇敢和心意，又担心孩子的安全，于是建议孩子去向舅舅求情，要回宝莲灯。

其次，分析物品引发的冲突。沉香去找二郎神要宝莲灯，二郎神却不给，这是由物品引发的冲突。

最后，分析人与人之间的冲突。二郎神不但不给，还拿出了武器三尖两刃刀，与沉香打斗起来，这是人物之间的冲突。

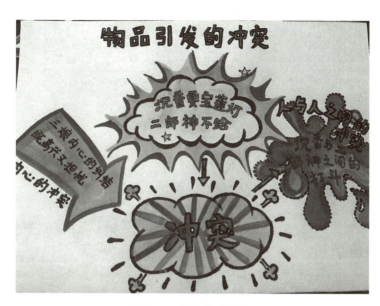

图 5-4　拆解故事冲突

3. 拆解叙事技巧

准备工作：选取《宝莲灯》故事中能推动情感的情节，运用思维导图分析叙事手法。

步骤 1：画思维导图，分为结构叙事、心理描写、五感描写和设置悬念 4 个板块，这些叙事手法都增加了故事的代入感。

步骤 2：心理描写方面，可以找到刘向依依惜别、三娘百感在心等描写。结构叙事方面，可以看出故事还是按照"起承转合"的模式进行叙事的。同时，故事的前半部分以刘向与三娘的感情线为主，后半部分以沉香与三娘的亲情线为主。设置悬念方面，整个故事围绕着沉香是否能够打败二郎神、救出母亲这一悬念展开。五感描写方面，包含"轰隆隆"一声巨响等细节描写。

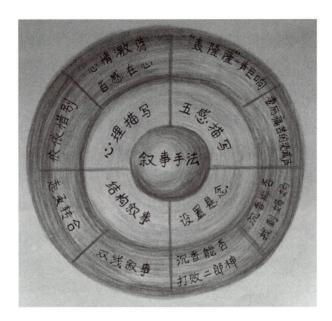

图 5-5　拆解叙事技巧

三、阶段三：故事联想力

1.故事接龙

准备工作：从《宝莲灯》中选择适合拓展的片段，一定要选择孩子感兴趣接龙的片段。同时，要适时地把主导权交给孩子，让孩子充分发挥想象，主导情节的发展。

步骤一：选取了二郎神与沉香打斗这个片段，此片段冲突性较强。

步骤二：开始故事接龙。

老师：二郎神举起了三尖两刃刀。

孩子：向沉香……砍去。

老师：沉香拿起开山神斧一挡。

孩子：只听"当"的一声。

老师：二郎神感觉全身被震得发麻。

孩子：于是向后退了两步。

老师：二郎神心想，这沉香怎么这么厉害？

孩子：二郎神于是想到了哮天犬。

老师：哮天犬可是二郎神的神兽啊！

孩子：二郎神大声喊："哮天犬快出来！"

老师：哮天犬张开血盆大口，要咬沉香。

孩子：沉香马上一个空翻，从天上翻到地面上。

....

2. 故事续编

准备工作：以"如果你是沉香，你会如何救三圣母？"为主题，让孩子把自己当作沉香，制订"营救三圣母计划"，让孩子以主人公视角续编故事。

步骤 1：以"如果你是沉香，你会如何救三圣母？"为主题，带孩子们进行续编，汇总孩子们编出的营救方法。

步骤 2：将这些营救方法汇编成剧本，和孩子们共同创作。我们在儿童服务站开展活动时，孩子们想出了几十种方法，有很多营救的方法是教师没有想到的。最后，孩子们选取了其中四种，借鉴了《大话西游》的故事，编成了一个剧本，剧本如下。

《宝莲灯新编》四幕剧

第一幕

沉香和父亲道别，前往华山，听闻孙悟空武艺高强，便去拜大圣学艺，找到大圣后，沉香说了要去救母亲的缘由。悟空见他一片孝心，便教他武功，并把七十二变传授给他。沉香经过刻苦修炼，学成七十二变。在临行之际，孙悟空把沉香叫住，交给他一个宝物——月光宝盒。悟空说道："人世间最宝贵的莫过于真情，师父送你月光宝盒，不到万不得已的非常时刻，不要使用，一旦使用，时光会流转到今天，给你重新开始的机会。"沉香拜谢师父孙悟空，跋山涉水去找二郎神。沉香知道二郎神仙术高强，自己打不过，便想到了智取宝莲灯。于是沉香来到二郎神的神殿外，摇身一变，变成如来佛祖的模样。二郎神看到如来佛祖到来，立刻迎接，沉香说："听闻二郎得到宝莲灯，宝莲灯是天地之间的至宝，所以我想要来参观一下。"二郎神一听，既然如来佛祖来要宝莲灯，哪有不给的道理，于是将宝莲灯拿出，双手奉上。就在此时，远在西天雷音寺的如来佛祖感应到有人变化成他的模样，于是一道灵法打出，将沉香打回原形。二郎神一见如来佛祖是假扮的，将宝莲灯收起，沉香知道如今事情败露不能久留，赶紧大喊"般若波罗蜜"，然后重新回到了永安宫。

第二幕

孙悟空正在读经书，沉香突然出现，说出遭遇。悟空没有怪他，让他再去救母亲。沉香知道母亲在黑云洞中，就变成了一只小蚂蚁，爬进洞中。母子二人见面，抱头痛哭，沉香问三圣母："我如何才能将您救出来？"三圣母说："你可去找土地公，他会一项独门秘籍——遁地术，只要你学会这门武艺，我们就可以遁地逃跑。"沉香听完，找到土地公，说了自己的遭遇，又报出了孙悟空的名号。土地公笑说："大圣的徒弟，我不可怠慢，而且你也是一片孝心，这样吧，我可以教给你这项武艺，但我神职低微，将来玉帝、二郎神怪罪下来，我可受不起，所以我就不同你一块去了！"沉香感激不尽，和土地公学了"遁地术"，然后回到华山黑云洞，带着三圣母一起遁地逃走。不料，几天后，恰逢王母娘娘蟠桃会，二郎神又想起妹妹被困在黑云洞，内心有些不舍，于是宴会过后，便一人去华山看望妹妹，却发现黑云洞中空无一人。二郎神很是生气，觉得这妹妹不思反省，早从黑云洞跑了，于是派哮天犬去找，发现沉香和三圣母就在华山附近，还没走远。于是二郎神拿出法器，想要再次将三圣母抓回黑云洞。三圣母一看二郎神来了，连忙说："沉香你快跑，二郎神武艺高强，你不是他的对手。"又转过身对二郎神说："你我兄妹一场，我和你回去，但沉香也是你亲外甥，你不可伤害他。"沉香一看母亲还要跟二郎神回去，连忙掏出"月光宝盒"，大声喊"般若波罗蜜"……重新回到了孙悟空的永安宫。

第三幕

孙悟空正在读经书，沉香又出现了，求孙悟空再次帮助。孙悟空不同意，沉香用激将法说："那二郎神太过嚣张，我说我是孙悟空的徒弟，我会七十二变。二郎神说，孙悟空当年也是他的手下败将，他会七十三变。"孙悟空燃起了斗志，告诉沉香去找二郎神的母亲寻求帮助。沉香找到了二郎神的母亲，劝说她帮助自己。二郎神的母亲当年也是与凡人在一起生下了二郎神和三圣母。她对沉香母子俩一事感同身受，于是答应了。二郎神的母亲去劝说二郎神，二郎神思考一会儿，答应了母亲的请求，但一定要带沉香去玉帝那请罪，请玉帝网开一面，如果沉香不去，就要捉拿沉香。沉香不干，觉得万一玉帝怪罪，自己又不能和母亲团聚，于是连忙掏出"月光宝盒"，大声喊"般若波罗蜜"……重新回到了孙悟空的永安宫。

第四幕

孙悟空正在读经书，看见沉香又灰头土脸地回来，连忙要跑。沉香一把抓住孙悟空，说："师父啊，不要跑，再帮徒弟一次吧。"孙悟空说："这二郎神软硬不吃，我也没办法。"沉香："天下哪有我师父办不成的事，我师父可是孩子们心中的大英雄。"孙悟空听闻这话，笑嘻嘻地说："虽然我知道你在拍马屁，不对，拍猴屁，但我还是很开心，罢了，再给你支一招。你去找一个人，太上老君。"沉香问："太上老君是谁？"悟空："此人就是当年我大闹天宫时，用金刚圈将我击溃的人。金刚圈坚硬无比，能将敌人的宝物吸过来。太上老君为人和善，你让他和玉帝求情，玉帝一般都能答应。"沉香说："既然如此，就按照您的计划行事。"于是沉香找到太上老君，讲述了要救母亲的事。太上老君听完很是感动，将金刚圈交给沉香，并且跟沉香说："你先把二郎神的宝莲灯取来，如果玉帝怪罪，我这边和他求情。"于是，沉香便寻战二郎神，两人打得不可开交，因沉香有金刚圈，二郎神一时落入下风，于是想拿出宝莲灯与其对抗，不料刚一拿出来，沉香就念动咒语将宝莲灯吸过去。二郎神见大势已去，遂逃走。在太上老君等众人帮助下，沉香借助宝莲灯将三圣母救出，一家人终得团聚。

3. 故事创编

准备工作：从《宝莲灯》故事中选择一个具有代表性的词语，如"宝莲灯"一词，让孩子围绕词语进行联想训练，最终编成故事。

参考案例：

步骤1：将"宝莲灯"一词进行四个维度的联想。

宝莲灯"排排坐"联想词语：桌子。

宝莲灯"双胞胎"联想词语：台灯、太阳。

宝莲灯"打雨伞"联想词语：电。

宝莲灯"翻手掌"联想词语：夜晚、窗帘。

步骤2：将这些词分配角色，制造冲突，编一个故事。

从前，有一盏台灯，它有一位总是夜晚上班、白天在家休息的主人。每次下夜班回来，为了美美地睡一觉，主人就把家里厚厚的窗帘拉上。台灯隔着窗帘看着外面，心里想："都说太阳厉害，给大家送来光明，我看也不过如此，一个窗帘就挡住了，你看我，每次只要亮起来，整个卧室都是亮堂堂的。"

台灯的主人有时候也懒得将窗帘拉来拉去，所以在家中用台灯的时候越来越多，台灯不禁有些骄傲起来。某天，趁主人不在家，台灯对窗帘说："老窗帘，你能不能别把窗户挡得那么严实，我要跟太阳比比，看看谁带来的光芒更厉害！"窗帘轻轻地说："小台灯，你是比不过太阳的。"桌子听了说："我觉得台灯兄弟最厉害了，主人每次看书，都得用你带来的光。"

台灯听了桌子的话，很受用，于是又偷偷地跟桌子说："桌子，正好你挨着老窗帘，下次主人再拉窗帘时，你偷偷地用桌角把窗帘划坏，好不好？"桌子听了点点头。

这一天，台灯和桌子果真找到了机会，主人正在拉窗帘时，桌子用桌角划出了一个大口子。主人懊恼地把窗帘摘了下来，然后去别的房间睡觉了。

台灯发现，原来太阳真的很刺眼，经常晃得他睁不开眼。最关键的是自从窗帘坏了后，主人就不来这间屋子睡觉了。最惨的是桌子，由于每日太阳暴晒，没有了窗帘的保护，桌面渐渐泛黄起皮，最终被主人扔掉了。

四、阶段四：故事思辨力

1.区分事实和观点

准备工作：从《宝莲灯》故事中选取"沉香营救三圣母"片段，做事实和观点的区分，并分析作者所持态度。

步骤 1：画出思维导图，左侧标注事实，右侧标注观点。

步骤 2：从片段中找出事实的描写，如"沉香飞身来到二郎庙，向二郎神哀求放了母亲三圣母""沉香便抡起神斧，与他打起来。两人从天上杀到地下，再从人间杀回天宫"，把其填写在导图左侧。

从片段中找出观点的描写，如"二郎神铁石心肠"，把其填写在导图右侧。

步骤 3：分析创作者的态度。

故事描述二郎神用了"铁石心肠"一词，这反映了创作者对二郎神持批判态度。

图 5-6   区分事实和观点

2.故事角色扮演

准备工作：分析《宝莲灯》是以谁的角度来描述故事的，选择其他不同视角的代表性人物进行角色扮演，以他们的角度叙述故事，看能否分析出人物不一样的性格特征。

步骤 1：分析《宝莲灯》的叙事视角，本故事主要是以沉香的视角进行叙事。

步骤 2：选取其他具有代表性的角色，我们选取了刘向、玉帝和二郎神。

步骤 3：摒弃人物标签，为每个人物进行合理的人物独白。

第一个叙述者：刘向。

我和岳三娘互相仰慕，结为夫妻，谁知此事惊动玉帝，违反天条，把三娘压在黑云洞中。我本想去救三娘，奈何我是凡胎肉体，无法与天庭抗衡，同时又想到，如果我死了，就没有人照顾沉香。后来孩子要去救母亲，虽然我有诸多担心，但是这可能是唯一的办法了，毕竟孩子是二郎神的外甥，而且孩子即使做得过头，玉帝也不会怪罪。没想到，二郎神对孩子这么无情，还好孩子的精神感动了玉帝，最终我们一家人得以团聚。

第二个叙述者：玉帝。

作为天庭的管理者，我必须重视规矩。岳三娘与凡人结为夫妻，如果不加管理，那么我以后如何管理其他神仙，所以我命二郎神把她压在华山下，也是起到一个警示作用。沉香这个孩子，为了救母亲，竟然甘愿受这么多苦，这份孝心可嘉。二郎神作为执法者，也是不徇私情。两方面打了起来，不管是真是假，我都必须派人出面调解。这件事也过去了很多年，该起到的警示作用也起到了，所以我决定准许孩子救出母亲，让他们一家人团聚。

第三个叙述者：二郎神。

我妹妹岳三娘竟与凡人结为夫妻，严重违背天条，我作为天庭的执法者，虽然从感情上心疼妹妹，但必须严格地执行玉帝的命令。后来，我的外甥沉香来找我，央求我放了他母亲，但要改变玉帝的命令，哪有那么容易。于是我假装很生气，跟他打斗起来。我的打斗也是讲究分寸的，其实我很喜欢这个外甥，绝对不会将他置于死地，同时，我也希望通过这场打斗，让他有更强的力量，将来能够应付更险恶的敌人。这场打斗是绝对有必要的，一方面来显示我的不徇私情，堵住其他神仙的嘴，方便我以后工作的开展；另一方面，只有通过打斗，才能把事情影响扩大，引起玉帝的重视，最后派人来调停。的确，一切都在我的预料之中，我的妹妹终于被救出来了。只是希望，妹妹和外甥不要记恨我。

步骤 4：重新分析人物特征及总结处理问题方法。

单纯从原来的故事梗概来看，会形成刘向懦弱、二郎神冷酷、玉帝无情的人物标签。但是换成从他们各自角度来叙述故事，会看到刘向的懦弱之中透露出的无奈，玉帝的无情之中包含的大局观，二郎神的冷酷之中隐藏着的机智。

从总结故事中的冲突来说，我们甚至可以得出这样的结论，如果想把妹妹救出来，解决这个事件最好的方法，就是二郎神的做法。

3. "七副眼镜"分析法

准备工作：运用"七副眼镜"分析法，对《宝莲灯》进行多角度分析，把一个故事看出不同观点。

步骤1：画出"七副眼镜"，并将每副眼镜对应的分析方法都标注上。

步骤2：对故事从真假、大小、得失等七个角度进行分析，并将分析的观点填入对应的方框内。

第一，从"真假眼镜"角度分析。

神话故事来源于先人的虚构，一定是假的，可以不做分析。

第二，从"得失眼镜"角度分析。

沉香在小的时候失去母亲的陪伴，但是这件事激发了他救出母亲的决心，养成了不达目标不罢休的坚毅性格。沉香虽然通过和霹雳大仙学习，习得高强的武功，可是在救母亲的事情上，过于依赖武功，失去其他解决问题的可能性，没有想到智取。

第三，从"大小眼镜"角度分析。

从个体的角度，三圣母和刘向之间是可歌可泣的爱情故事，但是从天庭整体的角度，玉帝必须维护制度，惩罚三圣母以立规矩，无规矩不成方圆。

第四，从"正反眼镜"角度分析。

这个故事通常都是歌颂刘向和三圣母之间的爱情，歌颂沉香救母的孝心。但是从反向的角度看，二郎神是不徇私情、维护正义的神仙，我们身边需要更多的"二郎神"似的执法者。

第五，从"主次眼镜"角度分析。

故事中看似最核心的冲突是沉香与二郎神之间的矛盾，但二郎神只是天规的执法者，深层次是与天规之间的矛盾。在二郎神与沉香的打斗冲突中，众神仙和二郎神之间的矛盾可以理解为次要矛盾。

第六，从"长短眼镜"角度分析。

从短期来看，沉香在救母的过程中遭受了很多磨难；但是从长期看，这些磨难是有利于沉香成长的。

第七，从"前后眼镜"角度分析。

从故事发生的原因分析，为什么会发生沉香救母的故事，一定是沉香父亲性格偏于软弱谨慎，没能承担起救三圣母的责任。这可以推测出刘向

图 5-7　"七副眼镜"分析法

从小生活在一个比较严厉的环境，他的父母比较强势，导致刘向软弱的性格。这才上演了沉香救母的故事。

从故事后续发展的角度分析，当沉香救出母亲后，三圣母一定会理解二郎神的苦心，一家人会重归于好。

ADAS 故事力模型使用指导

1. 制作卡片和故事力勋章，增加趣味性

教师及家长都可以按照这个模型和后面的游戏，选择任意的故事进行学习。这个体系是一个系统，如本手册以《宝莲灯》为例，在实际开展过程中，教师及家长也可以换成其他故事。当然，并不是每次孩子看完一本书，读完一个故事，我们都要和他讨论那么多东西，而是在合适的时间选取合适的问题和孩子轻松地聊一聊。可以把这 12 个阶段制作成卡片，每次抽一两张讨论看看，不用面面俱到。同时，这套体系也兼具趣味性，教师及家长可以把每一个阶段设置一枚勋章，由低到高，让孩子一步步闯关，每完成一个阶段的练习，即可获得一个"故事勋章"。

2. 循序渐进，同时可以重点突破孩子面临的问题

ADAS 故事力模型中的积累阶段，儿童往往从 2 岁就可以开始，但思辨阶段，往往需要儿童 6 岁左右才能很好地理解。这就需要大人根据孩子的大脑发育水平，循序渐进地提升孩子的故事力水平。同时，本书也列出了故事力应用的各个领域，比如可以应用在提升演讲、写作、记忆、社交、学习力等领域；假如孩子面临社交等某个专项问题，教师及家长就可以查找对应的故事地图，选取故事接龙等专项故事力启蒙游戏，帮助孩子破解社交等难题，有针对性地进行启蒙练习。

第 2 节　28 个故事力互动游戏

游戏是顺应孩子天性的法宝，几乎没有哪个孩子不喜欢游戏。本书列举的 28 个故事力游戏，不需要昂贵的道具，教师及家长随时可以根据孩子的年龄进行游戏。3 ～ 6 岁是孩子成长的黄金期阶段，陪伴孩子游戏是其成长中非常重要的一环。本书的游戏既能让孩子度过欢乐的游戏时光，又能通过游戏提升其故事力，这就是大人对孩子高质量的陪伴。

本书中的游戏主要提升以下能力。（见表 5–1）

表 5–1　故事力游戏拓展能力表

√观察力	√专注力	√共情力	√记忆力	√社交力	√创造力
√语言表达	√发起话题	√即兴回应	√演讲	√写作	√逆商
√逻辑推理	√联想思维	√宏观思维	√重点思维	√辩证思维	√卡线思维
√积累词汇	√积累故事素材	√积累故事结构	√解决问题能力		

本书每个游戏都包含适合年龄、游戏目的和游戏规则三部分。"适合年龄"标注了游戏适合孩子的年龄段（如"2 岁 +"表示适合 2 岁以上的孩子），"游戏目的"旨在说明培养孩子以上 22 种能力中的哪一部分能力，"游戏规则"包含如何进行故事力游戏。教师及家长可以随时根据孩子的年龄进行故事力游戏，也可根据启蒙孩子的某项能力而选择特定的游戏。

表 5-2　故事力游戏一览表

1. 找东西（适合年龄：2 岁 +）

游戏目的：培养孩子观察细节的能力、专注力、表达力和推理能力。

游戏规则：

准备一排物品，先让孩子认真观察，然后让孩子闭上眼睛，教师或家长把某件东西藏起来。之后让孩子睁开眼睛，看什么东西消失了。最开始带孩子玩时，一般准备 3 个物件即可，直到孩子"找"的能力越来越强，可以逐渐增加物件的数量。这个过程类似于我们玩的"大家来找茬"游戏。如果孩子没有观察出来，就让孩子针对这项东西进行提问，如"这个东西是什么形状？这个东西是吃的吗？"，直到孩子得出正确答案。

2. 找字词游戏（适合年龄：3 岁 +）

游戏目的：培养孩子认识字词和阅读的能力。

游戏规则：

当孩子已经认识某一个字，如"大、小"两个字，就给孩子彩笔，让他把故事书中的"大"字，全部涂上红色，把"小"字全部涂成黄色。尽量用不同颜色的彩笔，对应不同的字。当孩子能认识词组时，运用同样的方法，把故事书中的词组涂上颜色，直到孩子识的字和词可以涂满整本书。

3. 抓独特（适合年龄：5 岁 +）

游戏目的：培养孩子的观察能力和记忆力。

游戏规则：

每当到一个新的地方，特别是风景秀丽的景区，教师及家长就可以引导孩子描述眼前看到的景色的 3～5 个独特细节，通过这几个细节，勾勒出场景的独特之处；然后可以原地旋转 90 度，继续抓取 3～5 个独特细节，用语言描述这个角度看到的场景。直到转一圈，从每个角度都观察并叙述完，游戏结束。

4. 蒙眼猜物（适合年龄：3 岁 +）

游戏目的：培养孩子的"五感"和词汇积累。

游戏规则：

用毛巾蒙住孩子的眼睛，然后把某样物品拿给他。让孩子描述此物品有什么触感，是什么形状，敲击发出什么声音，应该是什么材料做成的等问题，进而推测拿到的物品是什么。

5. 说照片练习（适合年龄：3 岁 +）

游戏目的：培养孩子的表达力、记忆力和对故事素材的积累。

游戏规则：

找出日常拍摄或每次旅行后的照片，让孩子讲一讲当时发生了什么故事，增强孩子对生活故事的记忆。

续表

6. 单词墙游戏（适合年龄：4 岁＋）

游戏目的：培养孩子积累词汇。

游戏规则：

　　在墙面上，写出孩子在读故事过程中不太熟悉的词汇，然后不定期地抽查。同时找出 2 个盒子，在外面贴上彩纸，一个写上"我会啦"，一个写上"很熟练"。把刚会的单词放到"我会啦"盒子里，把连续 5 次抽查都会的词语放到"很熟练"盒子里。

7. 捎话练习（适合年龄：2 岁＋）

游戏目的：培养孩子听取信息和传递信息的能力。

游戏规则：

　　在日常生活中大人可以有意识地交代一些事情，让孩子"捎话"给爷爷奶奶等亲人。捎话的难度应从易到难，注意观察孩子"捎话"的过程中有没有遗漏信息。

8. 复述故事（适合年龄：3 岁＋）

游戏目的：培养孩子演讲、精准记忆力和对故事素材的积累。

游戏规则：

　　当孩子看完一个故事，并记住了故事的大意时，就可以让孩子练习用自己的话复述整个故事。当孩子已经复述得比较流利时，就可以增加挑战难度，在保证孩子兴趣的前提下，看孩子是否能够准确复述。

9. 故事思维导图（适合年龄：5 岁＋）

游戏目的：培养孩子的逻辑思维能力和对故事结构的了解。

游戏规则：

　　通过画思维导图的方式，拆解故事的脉络、元素和叙事技巧，让孩子读懂、读透故事。

10. 讲故事大赛（适合年龄：3 岁＋）

游戏目的：培养孩子的表达能力。

游戏规则：

　　大人和孩子每人准备一个故事，进行演讲，而后互相点评讲故事的优缺点。

11. 故事排序游戏（适合年龄：4 岁＋）

游戏目的：旨在增强孩子对故事脉络和叙事逻辑的理解。

游戏规则：

　　选择故事结构较为紧凑的绘本，将绘本中的每一页复印出来，然后把图片顺序打乱，让孩子按照对故事脉络的理解，重新将图片排序。

12. 你说我画（适合年龄：3 岁 +）

游戏目的：旨在培养孩子观察细节的能力和表达力。

游戏规则：

　　找出任意一张图片，由孩子描述图片中的细节，教师或家长进行绘画，等孩子将所有观察到的细节表达完之后，将绘画的作品与原图片进行对比，找出遗漏或表述不够精准的部分。

13. 故事卡片接龙（适合年龄：3 岁 +）

游戏目的：旨在培养孩子的联想思维、逻辑思维和表达力。

游戏规则：

　　针对 3 岁左右的孩子，大人与孩子随机按类别抽取故事卡片，用卡片上的词语进行故事接龙，等孩子联想思维和表达能力增强后，可由孩子随机抽取卡片，自己进行故事创编。

14. 时光穿梭机（适合年龄：5 岁 +）

游戏目的：旨在培养孩子的联想思维、逻辑思维和表达力。

游戏规则：

　　让孩子喜欢的人物穿梭到另一个绘本故事中，如《西游记》中的孙悟空穿越到了《宝莲灯》故事中，让孩子想象一下这个新融入的角色会遇到哪些情况，故事的结局会发生哪些改变。

15. 你来我往（适合年龄：3 岁 +）

游戏目的：培养孩子发起话题及社交的能力。

游戏规则：

　　当大人发起一个话题时，就把球传到孩子的手里。孩子如果只用简单的短语回答，就不能把球传给大人。如果孩子的回答能够引发新的话题，就可以把球传给大人。

16. 打电话游戏（适合年龄：2 岁 +）

游戏目的：培养孩子的表达力。

游戏规则：

　　家长假装给孩子打电话，然后与孩子进行语言互动。家长发起的话题尽量是生活中常见的，这样年龄较小的孩子也可以参与到游戏中来。

17. 童话城堡（适合年龄：3 岁 +）

游戏目的：培养孩子的联想能力和即兴表达能力。

游戏规则：

　　假设孩子走进了一座童话城堡，每一个房间都有一个不同的童话人物。然后教师或家长可以引导说"现在我们推开门，见到了孙悟空正在玩游戏"，让孩子联想见到孙悟空应该怎样接龙；当不能接龙出新话题时，教师或家长可以引导说"现在我们走到另一个房间，推开门见到小猪佩奇正在吃晚餐"，再让孩子进行接龙。

续表

18. 解决问题型接龙（适合年龄：4 岁 +）

游戏目的：培养孩子解决问题的能力和创造力。

游戏规则：

　　教师或家长尝试抛出一个问题，比如："如果我们是小乌鸦，该如何喝到瓶子里的水？"然后和孩子轮流想出一个点子去解决这个问题，直到某一方想不出新的方法。

19. 故事续编（适合年龄：3 岁 +）

游戏目的：培养孩子的联想思维和创造力。

游戏规则：

　　教师或家长可以让孩子根据一个开头编出不同结尾，如以"三圣母被压在黑云洞"为故事开头，想一想可能出现的各种结尾。在孩子不能很好续编故事时，可以借助一些辅助道具，如拿玩偶激发孩子的想象力，续编出不同的情节。

20. 词变词游戏（适合年龄：3 岁 +）

游戏目的：培养孩子的联想思维。

游戏规则：

　　随机从书中找出一个词语，然后家长和孩子轮流说出联想到的词语，看谁想出的词语数量多。

21. 词变段游戏（适合年龄：6 岁 +）

游戏目的：培养孩子的联想思维、逻辑思维和表达力。

游戏规则：

　　随机给孩子找出两个词，如电话和书本，让孩子找出词语之中的关联点，如电话和书本都与"传播"有关。然后让孩子即兴讲一段话，此段话要包含这两个词语。

22. 故事创编（适合年龄：6 岁 +）

游戏目的：培养孩子的联想思维、逻辑思维和表达力。

游戏规则：

　　随机给孩子三个词，让孩子根据这三个词语即兴编出故事，要求故事包含场景、人物和冲突三要素。

23. 事实和观点区分（适合年龄：6 岁 +）

游戏目的：培养孩子的思辨能力。

游戏规则：

　　选择一个故事，大人和孩子分成事实和观点两方，一般由孩子先选，如果孩子选的是事实，那么让他挑出故事里面所有表述事实的话语，大人挑出故事中所有表达观点的话语，可以一人一句交替进行。双方有争议、不太清晰的部分，可以一起探讨。

24. 三色笔标注（适合年龄：5 岁 +）

游戏目的：让孩子了解故事的结构及写作能力。

游戏规则：

选择经典的儿童故事，挑出故事中的场景细节描写片段，用红色彩笔标注；挑出故事中人物心理活动或对话描写片段，用蓝色彩笔标注；挑出故事中客观事实的描写片段，用黄色彩笔标注。然后家长跟孩子分析故事结构，也可进行故事仿写。

25. 故事角色扮演＼人物秀（适合年龄：4 岁 +）

游戏目的：培养孩子共情力和沟通力。

游戏规则：

选择一个故事，然后让孩子选定一个角色，进行故事人物秀，展示人物的成长历程和内心独白。之后可由孩子担任"小导演"，准备演故事剧的道具，分配角色，进行故事角色扮演游戏。

26. 故事辩论赛（适合年龄：6 岁 +）

游戏目的：培养孩子表达能力和思辨能力。

游戏规则：

从故事中引申出两个相反的做法或观点，然后设置成辩题进行亲子辩论，比如，"丑小鸭受到不公正的待遇，该不该反抗？"每人每次 1 分钟的发言时间。如果孩子不知道该如何证明观点，教师及家长可以引导孩子去收集资料，在准备充分后再进行辩论。

27. "七副眼镜"来说服（适合年龄：6 岁 +）

游戏目的：培养孩子的宏观思维、长线思维及抓重点思维等七种思维方式。

游戏规则：

从故事中找出一个需要说服的场景，比如，教师及家长可以在《三只小猪》故事中，设置小猪说服大灰狼的场景。由孩子扮演小猪，说服大灰狼不可以吃掉他们。大人可以自制道具"七副眼镜"，当大人带上某副眼镜后，孩子说服的角度必须和此副眼镜相关。比如，大人拿出"得失"眼镜，孩子就可以说"大灰狼，你吃掉我获得了一顿饱餐，但是却永远失去了我这个朋友"，锻炼孩子使用"七副眼镜"进行日常表达。

28. 故事银行（适合年龄：5 岁 +）

游戏目的：培养孩子观察力、记忆力和对故事素材的积累。

游戏规则：

给孩子找出一个笔记本，让孩子记录读到的、经历的故事。为了调动孩子的积极性，教师和家长也可建立自己的故事银行，然后定期和孩子进行比赛，看谁积累和记住的故事素材多。

第 3 节　故事力培养推荐阅读书目

序号	书名	出版社
1	太阳和阴凉儿	青岛出版社
2	爸爸，别怕	中国少年儿童出版社
3	百鸟朝凤	晨光出版社
4	不要和青蛙跳绳	接力出版社
5	仓老鼠和老鹰借粮	贵州人民出版社
6	只有两个男孩嘘我	二十一世纪出版社
7	鳄鱼怕怕 牙医怕怕	少年儿童出版社
8	空城计	新疆青少年出版社
9	母鸡萝丝去散步	明天出版社
10	目光森林	文化发展出版社
11	哪吒闹海	新疆青少年出版社
12	神笔马良	长江少年儿童出版社
13	企鹅寄冰	浙江少年儿童出版社
14	兔子和蜗牛	青岛出版社
15	小马过河	贵州人民出版社
16	医生到底是好还是坏？	作家出版社
17	全世界最坏与最棒的狗	广东教育出版社
18	大脚丫跳芭蕾	河北教育出版社
19	三只小猪	长春出版社
20	三只小猪的真实故事	河北教育出版社
21	谁是第一名	明天出版社

续表

序号	书名	出版社
22	红房子	花山文艺出版社
23	阿凡提的故事	哈尔滨工业大学出版社
24	你好，渡渡鸟	北京联合出版公司
25	渔夫和金鱼	学习出版社
26	沉香救母	明天出版社
27	爱花的牛	二十一世纪出版社
28	你看起来好像很好吃	二十一世纪出版社
29	獾的礼物	明天出版社
30	胖石头	中国少年儿童出版社
31	葡萄	明天出版社
32	小蜡笔大罢工	接力出版社
33	坏脾气的狼	海燕出版社
34	谎话	北京联合出版公司
35	老鼠和狮子	北京联合出版公司
36	鸭子骑车记	南海出版社
37	皇帝的新装	北京师范大学出版社
38	舒克和贝塔历险记	二十一世纪出版社
39	胆小狮特鲁鲁	长江少年儿童出版社
40	动物列车开来了	北京联合出版公司
41	嫦娥奔月	五洲传播出版社
42	好运先生 倒霉先生	电子工业出版社
43	不是每个抱抱都美好	江西高校出版社
44	美好日酒店	明天出版社

续表

序号	书名	出版社
45	了不起的狐狸爸爸	明天出版社
46	小王子	国家开放大学出版社
47	千与千寻	北京联合出版公司
48	宝葫芦的秘密	中国少年儿童出版社
49	林汉达中国历史故事集	中国少年儿童出版社

注：该阅读书目部分取自教育部基础教育课程教材发展中心《幼儿图画书推荐书目（2021 版）》《中小学生阅读指导目录（2020 年版）》。

思考

问题 1：你能否改进上述提到的故事力游戏？如 "七副眼镜来说服" 游戏，你能找到哪些新的角度？

问题 2：你能否尝试带孩子一起做一本故事集？

后　记

当你拿起这本书的时候，可能要花费一个星期的时间去阅读；如果要做完书中所有的练习，可能要花上一个月的时间。但如果你真正按照这本书去做孩子思维能力的启蒙，一定会看到孩子的惊喜改变。

试想这样的场景：

当孩子可以得出《宝莲灯》中二郎神的做法虽属无奈，却是将妹妹从黑云洞救出的最佳办法的观点时；

当孩子可以用多个方案去解决问题，想出几十种不同思路去营救三圣母时；

当孩子可以灵活运用"七副眼镜分析法"，将一个故事或事件看出七个甚至更多的角度时；

当孩子社交能力越来越强，在日常对话中可以随时发起话题和即兴回应时；

当孩子面对大量的古诗和单词，可以运用"故事记忆法"轻松应对时；

当孩子拥有积极的求知热情，通过一个故事可以切入历史、地理、生物等更多领域知识点的学习时；

当孩子能够练就一双"火眼金睛"，通过细枝末节即可辨别出日常故事及信息的真伪时……

我们还会担心孩子的未来吗？

相信这些孩子们在几十年后，能够从容面对生活，这种从容源于两个方面，一是有应对生活难题的能力，二是有发现生活之美的心态。

拥有故事力这项"超能力"，可以帮助孩子破解在说服影响、社会交往、职业成长等各个维度的难题。同时，故事力又可培养孩子良好的心态，让他们知道，生活的意义不只在于世俗的成功标准，更在于创造和发现那些美好的故事。他们会在闲暇时间去海边漫步，去看朝阳升起，或在某个午后享受春日暖阳。他们会发现身边的花开叶落，发现身边人的细微改变。每一个生活中潜在的故事，都能被他们敏锐地觉察到。

我们愿和所有的教师、家长一起，去思考如何让孩子成为更好的自己。往往在陪伴孩子成为更好的自己的路上，我们也慢慢成为更优秀的自我。本书既是献给孩子的，也是献给家长、献给每一个从事儿童教育工作者的。

感谢北京师范大学出版社。因为本书的出版事宜，我们经常跟罗佩珍老师联系沟通，交换意见，甚至在谋划书名时，罗老师都给了很多宝贵的意见，在日常沟通中也知无不言，谢谢罗老师对本书的指导！

感谢社区儿童服务站的孩子们，"故事力星球"项目让你们受益，同时也让我们创作者成长。因为想给你们正确合适的教育方法是创作本书的动力，由此而衍生的这本故事力教育书籍，也将让更多儿童受益。

感谢北部战区空军幼儿园的芦宁园长等人，你们在故事力星球项目实践过程中的诸多反馈，让本书的互动方法更具可实践性，更符合孩子天性。同时你们这份期待推动我们更快、更好地研磨出这本书。希望这本书能在你们从事儿童教育时，带来更好的启发、更多的"金点子"。

感谢我们的家人，没有你们对家庭的付出和支持，我们就不会有时间去调研、去构思、去研磨本书中每个细节，谢谢你们。

感谢为项目实践和本书提供设计支持的李绍强先生，你出色的设计水平，让孩子更喜欢项目中故事力卡片。

最后，要谢谢每一位购买、阅读和实践这本书的幼儿教育从业者和宝爸宝妈，我们期待你们的反馈。故事力育儿只有起点，没有终点，故事力将带给孩子一生的影响。如果从作者的角度给予教师及家长建议，那么就是一点：实践，实践，再实践！练习故事力好比学游泳，只学习理论是不够的，必须真正下水去实践。只有让孩子不断地实践，才能让孩子在社交、语言、学习、记忆及观察等各个方面都提升，这也是我们在每个章节设置"本周打卡"的用意所在。

期待你将育儿过程中的收获和问题都反馈给我们，可以发送至邮箱11hx@163.com或在微信公众号"故事力星球"后台留言，如果你希望加入"故事力星球"俱乐部，每天积累一个故事及获取更多好玩的故事力互动游戏，可以在微信公众号"故事力星球"点击下拉菜单。我们将在第一时间反馈，期待你成为故事力育儿大家庭中的一员。

希望每一个孩子，都可以通过本书中的思维启蒙获得成长，创造更美好的人生。